长目如一

——李昌道学术文选

李昌道 著

中国金融出版社

责任编辑：贾　真
责任校对：潘　洁
责任印制：张也男

图书在版编目（CIP）数据

长日如一：李昌道学术文选 / 李昌道著 . —北京：中国金融出版社，2022.1
ISBN 978-7-5220-1477-7

Ⅰ . ①长… 　Ⅱ . ①李… 　Ⅲ . ①法律 — 文集 　Ⅳ . ① D9-53

中国版本图书馆 CIP 数据核字（2022）第 006243 号

长日如一：李昌道学术文选　　CHANG RI RU YI: LI CHANGDAO XUESHU WENXUAN
出版
发行　　**中国金融出版社**

社址　北京市丰台区益泽路 2 号
市场开发部　　（010）66024766，63805472，63439533（传真）
网 上 书 店　　www.cfph.cn
　　　　　　　　（010）66024766，63372837（传真）
读者服务部　　（010）66070833，62568380
邮编　100071
经销　新华书店
印刷　保利达印务有限公司
尺寸　169 毫米 ×239 毫米
插页　16
印张　11.25
字数　150 千
版次　2022 年 1 月第 1 版
印次　2022 年 1 月第 1 次印刷
定价　48.00 元
ISBN 978-7-5220-1477-7
如出现印装错误本社负责调换　联系电话（010）63263947

全国人大宪法和法律委员会主任委员李飞在上海与作者亲切交谈

德高望重的司法部原部长邹瑜为"法学宗师李昌道"专题片题字

作者与全国人大宪法和法律委员会主任委员李飞、杨振汉（杨振宁弟弟）、顾肖荣研究员等在一起

作者金婚纪念日和夫人陈倩苹女士合影

作者与参加特别行政区制度学术研讨会的专家合影，中为时任全国人大常委会副秘书长李飞

作者与周汉民副主席、张宁局长、张华主席、钱衡秘书长合影

作者在 2013 年外滩金融法律论坛上致辞

作者在工作中

作者与时任上海市高级人民法院常务副院长盛勇强亲切交谈

作者夫妇与香港证监会前主席、中国证监会前首席顾问梁定邦太平绅士及李志强律师在香港合影

2017 年 9 月作者参加外孙 UBC 大学医药学专业博士班的白大褂仪式上，与女儿李芮和外孙 Leo 温馨合影

作者在"李昌道学术思想研讨会"上致辞

作者在《法学宗师李昌道》首映式上讲话

出席《法学宗师李昌道》首映式的嘉宾合影

作者与中外嘉宾为金茂凯德商标启动开球

参加金茂凯德商标启动仪式的中外嘉宾合影

作者与上海市商务委员会副主任申卫华为"一带一路"法律研究与服务中心揭牌

作者在复旦大学法学院举办的 2018 年国家宪法日活动上致辞

作者和李志强律师接待香港客人

作者为上海大学法学院教学科研学术实践基地揭牌

作者与出席中企赴美投融资法律研讨会的嘉宾合影

作者参加金茂凯德商标启动仪式

1997 年 7 月香港回归后作者与梁定邦夫妇、王贵国夫妇和李志强律师在一起茶叙

作者向香港知名人士杜伟强先生颁发聘书

作者为外滩金融创新试验区法律研究中心研究员颁发证书

作者与澳大利亚及日本法律和银行专家合影

作者与金砖国家律师亲切交谈

作者与李志强律师和金砖国家律师合影

作者 1999 年 11 月在香港律政司调研时，与黄继儿大律师（右二）、王全第教授（左一）、徐静琳教授（右一）合影

作者与上海市高级人民法院原审判委员会委员宋学东合影

作者与万利律师和李志强律师合影

作者与法学家董茂云等亲切交谈

作者在上海交通大学为上海律师授课

作者为法律专家签名赠书

作者主编的"外滩金融创新试验区法律研究"系列丛书收入美国夏威夷大学图书馆

作者与李志强律师、孔宏德律师和史军律师合影

在"李昌道宪法学奖学金"颁奖仪式上复旦法学院师生校友欢聚一堂

作者与董茂云教授合影

　　2021年9月10日，李昌道学术思想研讨会在沪举行，会上举行了金茂凯德律师事务所"习近平法治思想研究中心"揭牌仪式，九三学社上海市委专职副主委周锋（右四）、著名金融专家和仲裁专家张宁（左四）、上海市高级人民法院原审判委员会委员宋学东（左三）、上海市人民政府原参事徐静琳（右三）、上海市黄浦区人民政府兼职法律顾问沈琴（左二）、上海市国际服务贸易行业协会副秘书长周婷晶（右二）、环太平洋律师协会会长李志强（左一）、上海股权投资协会商务部主任张宇龙（右一）参加揭牌仪式。

作者与李志强律师会见境外律师

序 一

李昌道教授是我国培养的著名法学家和法学教育家，20世纪50年代初先后从北京政法学院和中国人民大学研究生毕业，长期在华东政法大学、上海社会科学院政法所、复旦大学任教。1991年李昌道教授出任上海市高级人民法院副院长，开启了上海民主人士参政议政、参与司法工作的先河。1998年李昌道教授出任上海市人民政府参事室主任，2000年出任复旦大学新法学院首任院长。

李昌道教授自20世纪50年代起从事法学教学、科研、立法、司法、执法、法治宣传和法律服务已达66年，被誉为我国法学法律界的"国之瑰宝"。

李昌道教授与法结缘，爱法护法，与法同行，尤爱宪法，学生时代曾以研究孙中山先生"临时约法"论文突出获得第一名。1985年法律出版社出版了李昌道教授的专著《美国宪法史稿》，这是"文化大革命"后第一本有关美国宪法的专著，代表当时我国研究美国宪政的代表性学术成果。1987—1990年李昌道教授任新华社香港分社高级研究员，参与制定《中华人民共和国香港特别行政区基本法》。作为第八届、第九届全国政协委员，1993年全国"两会"期间，李昌道教授提出的《请严格按照现行宪法第六十四条规定的修宪程序修宪建议案》得到中央采纳。

李昌道教授的学术思想根深叶茂，在长达66年的学术时间里，李昌道教授理论结合实际，创造性地运用马克思列宁主义、毛泽东思想、邓小平理论、"三个代表"重要思想、科学发展观和习近平新时代中国特色社会主义思想中的法学法律思维，与时俱进，以习近平法治思想指引法学法律实践，培育了一批又一批法学法律界精英人才，为国家经济建设和改革开放、"一国两制"和法治中国伟大事业作出了杰出贡献。

党的十八大以来，李昌道教授以法学家的视角在中国企业赴美投融资法律研讨会上首次提出构建中外法律服务共同体的建言，呼吁法学法律界积极参与"一带一路"倡议。2021年4月19日，环太平洋律师协会第30届年会在黄浦江畔隆重举行，李昌道教授发表了"以习近平法治思想统领涉外法律服务"的演讲，提出要构建中国特色的涉外法治体系建设，要注重将中国法律"走出去"，有中国人和中国企业的地方应当听到中国法治的声音，应当有中国涉外法律服务的身影。

我们聚焦李昌道教授学术思想很有意义。弘扬法学家精神，共同建设法治中国，我们的明天一定会更美好！

全国人大宪法和法律委员会主任委员　李　飞

序 二

　　李昌道先生是我国著名的法学家和法学教育家，长期从事外国法律制度、比较法、香港法制等领域的教学和科研工作，论著丰硕，成就卓著。李昌道先生于1987年3月加入九三学社，1992—2002年任九三学社上海市第十二届、第十三届委员会副主任委员，曾任九三学社中央法制委员会顾问，第八届、第九届全国政协委员，第七届上海市政协委员。

　　李昌道先生勇担重任，做多党合作事业的推动者。1989年，《中共中央关于坚持和完善中国共产党领导的多党合作和政治协商制度的意见》（以下简称《意见》）颁布，标志着我国多党合作制度走向制度化、规范化、程序化，具有划时代意义。《意见》颁布后的第三年，作为九三学社成员的李昌道先生被任命为上海市高级人民法院副院长，成为全国民主党派人士担任省级司法领导的第一人，李昌道先生的上任也成为上海市多党合作事业欣欣向荣的标志性事件，这是上海统战工作的一次创举，更体现了中共上海市委实行多党合作的决心。在担任副院长期间，李昌道先生坚持中国共产党的领导，兢兢业业、全情投入，以国家、社会大局为重，本着"参政党的目标不是从狭隘的小团体的利己主义出发，而是从中华民族的整体利益、长远利益和根本利益出发"的立场，不负执政党的期望，不负参政党的委托，不负人民群众的期许，圆满完成了各项工作，为社会主义民主政治建设和法制建设贡献了自己独特的力量。

李昌道先生挚意为民，做参政议政的践行者。李昌道先生将其所精通的法学知识和在司法实践中总结出的宝贵经验运用到参政议政工作中，在直接"参政"的丰厚土壤里，结出了积极"议政"的累累硕果。作为全国政协和上海市政协委员，李昌道先生每年都递交多篇提案或书面发言。在全国政协八届一次会议上，李昌道先生提交的《请严格按照现行宪法第六十四条规定的修宪程序修宪建议案》被全国人大采纳，九三学社中央、全国政协、中共中央统战部在不同场合，以不同方式对此建议案予以充分肯定。《政策稳定才能取信于民》等提案更是被上海市政协评为优秀提案。时任上海市人民政府参事室主任时，李昌道先生经手呈交分管市领导的报告或建议每年都有二三十份，充分履行了参政议政、建言献策、咨询国是、统战联谊的职责。

李昌道先生醉心社务，做"九三精神"的传承者。1992年，李昌道先生担任九三学社上海市委员会副主任委员。此后，李昌道先生充分利用专长带动社员学习、支持社务工作，1994—1997年，几乎每年他都会为社员做关于香港问题和《中华人民共和国香港特别行政区基本法》的专题报告，对社员进行爱国主义教育和历史传统教育。1999年11月，在各民主党派市委学习联席会上，李昌道先生还为各民主党派市委领导、有关人士等做关于《澳门基本法与澳门回归》的专题报告。李昌道先生还为九三学社上海市委员会出版刊发的口述历史系列丛书、《我与九三》等书籍撰写相关文章，传授经验、分享感受，通过参与法律咨询活动等为人民群众办实事，以实实在在的行动践行九三学社爱国民主科学精神。

重温李昌道教授的学术思想和崇高精神，在法学界和教育界意义非凡。我们将继续沿着李昌道先生的脚步，追求真理，永无止境！

九三学社上海市委员会主任委员　钱　锋

目　录

◆ 金融治理篇

◆ "一带一路"篇

钟情宪法篇

以法修身　与法同行

　　首先，作为一名老师，看到多年教授的众多学子在毕业许久之后又能汇聚一堂，我感到十分高兴。

　　今天，在复旦大学举行法学院"李昌道宪法学奖学金"颁奖仪式，要十分感谢复旦大学法学院院长王志强、书记胡华忠，上海市委政法委法律顾问季立刚教授，复旦大学法学院校友会负责人栗春坤，中外著名律师严嘉、王钊，金茂凯德律师事务所创始合伙人李志强等嘉宾的出席。

　　为何要专门设立一个宪法学奖学金呢？一是因为宪法学十分重要，二是因为我对宪法学由衷的爱好。也正是因为这份爱好，我在宪法制度的研究上花了许多时间。当然，宪法学也从属于法律范畴，没有超出我的法律专业范围。但需要声明的是，我的专业并不是宪法学，从法学类划分的九大学科来讲，我并非是专门从事宪法学研究和教学的。但凭借对宪法制度的爱好，我的很多研究时间和研究项目都放在宪法学上。

　　1993年3月12日，我作为全国政协委员提了一个建议，"请严格按照现行宪法第六十四条的规定来修宪法"。之所以会提出这一建议，是因为当时有一种修改《宪法》建议的提出不符合第六十四条的规定。当时的《宪法》修改程序比较怪异，中央提出了两次修改建议，第一次的修改建议是由七届人大提出的，合法有效；第二次的修改建议则是在 1993 年 3 月向人大主席团提出的，而修改《宪法》建议向大会主席团提出的程序显然和当时有效的《宪法》第六十四条不符。据此，我提交了一份建议："请严格按照现行宪法第六十四条规定的修改宪法程序修宪建议案"，九三学社全国中央、全国政协、全国人大都予以采纳。当天晚上，全国人大进行了修改，采用了当时《宪法》第六十四条的规定，即由五分之一以上的全国人大代表签名提议。因此，当天便有 2383 名全国人大代表签名，我的这份建议得到了中央的肯定。这件事情对我来讲，是个很小的例子，但是也说明了我对《宪法》的喜爱、爱好和关注，所以关于它的很多事情我都牢记于心。

关于我和宪法学的渊源，古今中外的事迹数不胜数。我撰写过主题为"研究孙中山先生的《临时约法》"的研究生毕业论文；也利用教学之余研究过美国宪法发展历史并出版《美国宪法史稿》；在调任香港后参加了《中华人民共和国香港特别行政区基本法》的制定工作，之后用 20 年的时间研究香港法。但是，我依然要表明，我的专业不是宪法学，而且也不会和宪法学产生任何的冲突和矛盾。

接下来，我想讲一讲我对现行《宪法》实施的看法，现行《宪法》的实施相较于过去，已经进步很大。但是，我有一个建议，即《宪法》应当更加有形化。过去的《宪法》无处不在，《宪法》的精神无处不在，从一个人的出生就开始受到《宪法》的保障，但是，这种保障看不见、摸不着。《宪法》并不像其他的法律，在判决、诉讼等程序中可以运用。虽然，现在的情况大不一样，"宪法日""宪法宣誓"等活动的出现使《宪法》具有一定程度的有形化，但是，我认为，这种有形化还不够，《宪法》还需要更进一步的有形化。例如，我们目前只研究宪法和政治的关系，这方面已经研究了很多，但是，宪法和司法、经济、科技、教育、文化的关系，我们社会主义宪法如何与中国的古文化相结合等，这些方面的研究必然会使《宪法》更加有形化。

（本文为李昌道先生在 2018 年 12 月 4 日第五个国家宪法日复旦大学首届"李昌道宪法奖学金"颁奖典礼上的讲话，收录于《外滩金融创新试验区法律研究》2019 年版）

港澳情缘篇

实事求是
是实施"一国两制"的灵魂

　　香港回归祖国以来，"一国两制"已从构想变成现实，并且越来越显示其强大的生命力。在"一国两制"基本方针的指引下，香港实现了平稳过渡和顺利回归，并继续保持了繁荣稳定。

　　1998年3月9日，国家主席江泽民在九届人大一次会议香港代表团讨论会上指出："从香港回归以来的事实中，人们可以清楚地看到，中央政府在香港贯彻实施'一国两制''港人治港'、高度自治的方针是坚定不移的。绝不是口头上宣示而已，而是真正这么做的。"实行"一国两制"是一项前无古人的伟大事业，是一个无先例可循的新事务，中央有诚意、有决心实施"一国两制"，集中地表现在工作中坚持实事求是，一切从实际出发。

中国外交史上的新事

　　按照《中华人民共和国香港特别行政区基本法》（以下简称《香港基本法》）的规定，对以国家为单位参加的、同香港特别行政区有关的、适当领域的国际组织和国际会议，香港特别行政区政府代表可作为中国政府代表团的成员参加，并以中国香港名义发表意见，但是，《香港基本法》对出席此类会议的香港特别行政区政府代表的国籍未作规定。香港回归祖国后，由于一些历史原因，仍有一些外籍公务员继续为香港特别行政区政府服务，有的还担任一定的负责工作，这是一个现实。如果他们不能出席与其职务相关的会议，显然不符合香港特别行政区政府的最佳利益。在处理这些问题时，中央政府坚持从实际出发，同意这些人作为中国政府代表团成员参加了世界知识产权会议、国际民航会议、国际邮政会议等许多国际活动，而且和中国政府代表团成员并排坐在前列，以中国香港名义单独发言。

这种特殊的安排，使许多外国与会者感到惊异甚至难以置信，允许外籍人士作为中国政府代表团参加国际会议，不但在中华人民共和国的外交史上从来没有，在国际外交史上也很难找到先例。它是从香港的实际出发，符合香港的整体利益。受到香港和国际社会的欢迎。为此，相关香港特别行政区外籍公务员都很感动，很受鼓舞，国际社会也对这个做法作出积极评价。这是在新形势下，用新的办法处理问题，是实事求是贯彻落实"一国两制"的体现。

香港特别行政区全国人大代表选举

1997年12月8日，香港回归祖国的第161天，香港特别行政区第一次作为独立的选举单位，选举产生了第九届全国人大的36位代表。他们将代表人民的利益和意志，进入国家最高权力机关，履行管理国家事务的代表职权。这是港人政治生活中的一件大事，具有重要的政治意义。这次选举给港人印象最深的是，体现了实事求是贯彻落实"一国两制"。

《香港基本法》明确规定："根据全国人民代表大会确定的名额和代表产生办法，由香港特别行政区居民中的中国公民在香港选出香港特别行政区的全国人民代表大会代表，参加最高国家权力机关的工作。"香港居民中的中国公民，不仅依法参与治港，而且依法参与治国。香港特别行政区人民代表选举以《中华人民共和国宪法》《香港基本法》和全国人大通过的香港特别行政区九届人大代表选举办法为依据，但是具体选举办法可由港人自订：年满18周岁的香港居民中的中国公民均可参选，但是当选香港特别行政区人民代表必须爱国爱港、拥护"一国两制"方针、拥护《中华人民共和国宪法》和《香港基本法》，依照全国人大议事规则等法律规定履行代表的职责。

香港特别行政区全国人民代表名额，如按内地人口比例标准，平均每22万人选出1名人大代表的比例，香港只能产生29人，考虑到香港的特殊情况，全国人大常委会把香港特别行政区全国人大代表增加到36人。香港特别行政区全国人大代表除了《中华人民共和国宪法》和法律赋予的权力外，还可以依法参加提出修订《香港基本法》的议案、参加选举香港特别行政区行政长官和立法会的选举委员会。香港特别行政区全国人大代表选举会议424名成员，其主席团11名成员和常委会主席全是港人。专程来香港统筹选举工作的全国人大常委会秘书长在主持首日全体会议选出主席团后，就把主持会议的工作交给主席团，包括召集会议、提出和通过具体选举办法及选举会议成员守则等，全由主席团或全体会议自主解决。

内地人大代表可以依法监督当地政府，但是，香港特别行政区全国人大代表不属于香港特别行政区政权的组成部分，不能违背香港高度自治原则，不可以全国人民代表身份和权力监督香港特别行政区政府。如果香港特别行政区全国人大代表向全国人民代表大会提出的议案中有涉及监督香港特别行政区政府的内容，全国人大议案委员会将按照《香港基本法》的规定决定取舍。正如江泽民主席在九届人大一次会议香港代表团讨论会上所说，按照"一国两制"的方针，香港作为我国的特别行政区不实行人民代表大会制度，香港地区产生的全国人大代表，只代表香港同胞参与管理国家事务，而不干预香港特别行政区政府的事务。

由此可见，从香港特别行政区居民中的中国公民依法参与治国权利、参选香港特别行政区全国人大代表资格、当选香港特别行政区全国人大代表标准、香港特别行政区全国人大代表职责、名额分配、选举办法的制定和选举活动的主持等一系列实践中，充分表明中央政府贯彻落实"一国两制"的诚意和决心，贯彻落实"一国两制"实事求是的精神和措施。

灵活处理香港人权报告

由于众所周知的历史原因，香港有些问题按一般国际惯例和普通办法是没有办法解决的，香港人权报告的灵活处理就是证明。

由于种种原因，中国一直未成为《公民权利和政治权利国际公约》及《经济、社会和文化权利国际公约》的缔结国。直至不久前，江泽民主席访美前夕，授权驻联合国大使在《经济、社会和文化权利国际公约》上签字，尚待依法批准生效。但中国政府为贯彻执行《中美联合声明》和《香港基本法》，落实"一国两制"，在中国尚不是两个公约缔约国的情况下，中国政府仍参照两个公约的有关规定，由中国常驻联合国代表团向联合国秘书长转交香港特别行政区实施上述两个公约有关规定的情况报告。如需接受有关公约机构的审议，中国政府将通知香港特别行政区派代表参加回案有关问题。1997年11月4日，中国常驻联合国代表已将上述安排正式发照会给联合国秘书长，请其将照会内容记录在案，并通知有关公约机构及两个公约的其他当事方。

而且，中央政府还决定，有关公约在香港执行情况报告，由香港特别行政区政府撰写。按照《香港基本法》的规定，国防、外交事务应由中央处理，但为了真正能如实反映两个公约在香港的执行情况，所以中央并不代替，而是由香港特别行政区政府负责撰写报告，交由驻香港特别行政区的外交部专员公署提交联合国中国代表团。这一决定，说明中央政府对港人、对特别行政区政府高度信任。过去英国殖民管治者口讲人权，但港人从来没有撰写这个报告的权利。一直都由英国政府代为撰写，报告说什么、如何说，港人不得发表意见。事实上，回归后的香港，不但两个公约在香港特别行政区继续得到落实执行，港人的民主、自由权利也得到前所未有的保障和提高。港人已成为堂堂正正的中华人民共和国公民一分子，已经恢复了最基本、最重要的公民权利，这将成为一份有充分说服力的、出色的报告。人权问题，过去一直被西方少数人利用作为攻击中国、反对香港回归的借口，今天，事实将会让人权为中国、为回归后的香港争气。

香港特别行政区行政长官在评价这一安排时说："这个安排不但反映中央人民政府乐意灵活处理特别行政区有关的事务，务求全面照顾特别行政区的实际需要。我相信中央人民政府的安排会受到广大香港市民的欢迎。"这种灵活处理的新办法，有助于国际社会更好地了解香港特别行政区的人权状况，对增强港人信心、促进香港特别行政区经济和各项事业的发展及保持长期繁荣稳定具有重要意义。它是实事求是切实执行"一国两制"的又一重要措施。

党的十五大提出，要高举邓小平理论伟大旗帜，把建设有中国特色社会主义事业全面推向21世纪。这一理论的精髓是解放思想，实事求是，是我们党永葆旺盛生机和创造力的法宝，也是"一国两制"基本方针的哲学基础和理论基点。香港回归近一年来的现实表明，香港居民对"一国两制"方针政策的理解正在日益加强，对中央贯彻这些方针政策的决心也有了切实体会，其重要原因是由于实事求是地贯彻了"一国两制"。实际生活总是不停地变动，新情况、新问题层出不穷，实事求是地贯彻"一国两制"，也将处在不断丰富、深化和发展中。

[本文发表于《复旦学报（社会科学版）》1998年第06期]

"一国两制"是香港基本法的法理核心

"一国两制"是邓小平同志首创的以和平方式实现祖国统一的基本国策,最初是为和平解决台湾问题提出来的,后来最先用于香港的回归和治理。它已由我国的宪法和香港基本法予以法律化,成为保持香港繁荣稳定的根本保证。多年的实践表明,它是一项富有强大生命力的基本国策,是中国特色社会主义的重要内容。在纪念邓小平同志百年诞辰之际,结合香港实际重温邓小平同志关于"一国两制"的一系列重要论述,对于我们全面正确地把握"一国两制"是香港基本法的法理核心的科学内涵,指导香港基本法的实践是十分有意义的。

"一国"是"两制"的前提和基础

邓小平同志明确指出,"一国两制"就是在中华人民共和国内,国家的主体实行社会主义,香港、澳门和台湾实行资本主义,目的是实现祖国的和平统一,保持香港、澳门和台湾的稳定繁荣。这就

15

是说，"一国两制"是"在一个国家的前提下实行两种制度"，认同"一国两制"首先必须认同"一国"，即中华人民共和国，"对中华人民共和国，对中国政府没有信任感，其他一切都谈不上了"。认同国家就是要真心实意地拥护祖国对香港恢复行使主权，维护国家的统一和领土完整，这是一条最基本的准则，任何时候都不能有丝毫的含糊和摇摆。认同国家还必须承认国家的主体是社会主义，这也是一个必要的前提，改变了中国共产党领导的中国特色社会主义，"香港的繁荣和稳定也会吹的"。对香港恢复行使主权后，香港作为中国一个地区，为什么要实行"一国两制"，制定香港基本法呢？这是因为香港的历史背景和现实情况与其他地区不同。根据《中华人民共和国宪法》（以下简称《宪法》）第三十一条的规定，设立了享有高度自治权的、不同于其他地区的香港特别行政区。实际上，1982 年修改《宪法》时，邓小平同志已经提出了这个问题。他说，在制定《宪法》时，要对香港、澳门和台湾留有余地，可以实行不同社会制度。所以，在 1982 年宪法体系里，就有了"一国两制"的余地。规定"国家在必要时得设立特别行政区。在特别行政区内实行的制度按照具体情况由全国人民代表大会以法律规定"。

由此可见，"一国两制"就是在一个统一的国家中，实行两种不同的制度，既不是"一国一制"，也不是"两国两制"。香港虽然享有高度自治权，但它仍然是直接受中央人民政府管辖的中国的地方行政区域。邓小平同志在 1987 年会见香港基本法起草委员会委员时的讲话中指出，"一国两制"也要讲两个方面。一方面，社会主义国家里允许一些特殊地区搞资本主义，不是搞一段时间，而是搞几十年、成百年。另一方面，也要确定整个国家的主体是社会主义。我们坚持社会主义制度，坚持四项基本原则，是很早就确定了的，是写在《宪法》里的，我们制定的一些政策，包括对香港、澳门、台湾的政策，也是在坚持四项基本原则的基础上制定的，没有中国共产党，没有中国的社会主义，谁能制定这样的政策。

"一国"是"两制"的前提和基础，这是实践香港基本法的根本原则。可从以下三个方面具体分析。

一是从香港特别行政区权力的来源分析。作为国家的法律人格，主权具有最高性、唯一性、排他性，是不可分割的。地方自治，不论是普通自治还是高度自治，不论是单一制下的自治还是联邦制下的自治，都只是主权国家内部的一种权力分配方式。先有国家权力，后有地方权力，先有中央政府，后有地方政府。按照《中华人民共和国香港特别行政区基本法》（以下简称《香港基本法》）的规定，香港特别行政区是直辖于中央政府的一个地方行政区，其高度自治权来源于中央的授权，国家主权是地方自治权的前提和基础。

二是从国家制度体系的构成来看，国家制度是地方制度的前提和基础。国家本身就是一种以主权为核心的制度体系，《宪法》是国家主权在法律上的最高表现形式。我国《宪法》在全国范围内实施，当然在总体上适用于香港。《香港基本法》由最高国家权力机关根据《宪法》制定并负责解释和修改，它既是一部全国性法律，又是一部在香港具有宪法地位的法律。国家宪法和基本法不仅是香港获得作为地方特别行政区法律地位的前提和基础，而且是香港地方制度本身的前提和基础。香港地方的政治、经济和法律制度不是独立于国家制度体系之外的，而是整个国家制度的一部分，是一国之内的一个地方制度。

——李昌道学术文选

三是从香港保持繁荣稳定来看，社会主义国家繁荣昌盛是地方兴旺发达的基础。自香港回归以来，中央政府坚定不移地贯彻落实"一国两制"方针，严格按照基本法办事。近期以来，香港战胜了亚洲金融危机的冲击等种种风险和挑战，继续保持着国际金融、贸易和航运中心的地位。越来越多的香港市民明白了"国家好，香港会更好"的道理。没有一个欣欣向荣、和平崛起的伟大祖国有力支撑，香港保持繁荣稳定是难以想象的。

实践证明，"一国"是"两制"的前提和基础，只有坚持一个国家，即坚持一个中国、一个主权、一部宪法，"一国两制"、港人治港、高度自治才会有个不竭之源，《香港基本法》才有坚实的基础和旺盛的活力。

坚决反对有意曲解"一国两制"的言行

香港回归以来，少数港人从他们所谓的"民主抗共"理念出发，采取"逢中必反"，同中央持对立的态度。在《香港基本法》付诸实践七年的今天，在香港还有一些人不愿意真正按《香港基本法》办事，要选择性地来执行。其原因各有不同。一部分人是因为对《香港基本法》的内容规定不甚了了，也有一部分人由于受殖民教育影响太深，缺乏对国家民族历史的切身认识，缺乏对国家责任的承担和认同；另有少数人，对《香港基本法》不是不了解不熟悉，而是根本不认同香港回归，不认同中央政府在《香港基本法》中的地位，这部分人刻意歪曲和演绎《香港基本法》，抗拒抵制其中自己不喜欢的条文。

18

七年来由香港少数人挑起的围绕"一国两制"、基本法的重大斗争至少有以下三场。

第一场是围绕"居港权"的释法问题，这就是所谓香港"无证儿童"诉讼案。这些"无证儿童"指不合法地在香港居住，未能有居留权身份证的，他们是由香港人士在内地所生的子女。在香港回归前，由于当时某些地方谣传香港将会宣布特赦，因此，不少港人安排他们子女自内地偷渡来港，或滞留在港，以期获得特赦，早日定居香港。在香港特别行政区政府正式运作的首个工作日，500多名非法入境或滞留不归的港人在内地所生子女，由家长带领下蜂拥至入境事务处，要求根据《香港基本法》第二十四条第二款第（三）项给予申办香港居留权。香港特别行政区政府为防止可能出现偷渡潮，除与内地有关部门加强配合，打击"蛇头"外，还修改人民入境条例（修订第五号）。"无证儿童"在某些势力支持下为一方，直接控告政府为另一方的违反基本法，形成了"无证儿童"诉讼案。双方诉讼争辩主要有两点：一是港人在内地所生子女来港定居是否需循合法途径？二是港人在内地所生子女在香港定居是否一定是在其父母成为香港永久居民之后所生子女？对这两点，政府一方都持肯定意见，一方面认为一定要根据合法途径来港；另一方面认为一定要成为香港永久居民后所生子女，在成为香港永久居民前所生子女不能认定。对方则持相反意见。双方经 1997 年 10 月香港高等法院裁决、1998 年 4 月上诉庭裁决，最后直到香港终审法院。

1999 年 1 月，终审法院裁决，引起广大港人和内地学者、关心香港问题者极大关注。它的裁决文本厚达 50 多页，主要可归纳为两个方面：一方面是有关法理方面，主要认为香港特别行政区法院可审理人大或人大常委会的立法行为是否符合《香港基本法》，如果认为真的不符合《香港基本法》，香港特别行政区法院具有司法管辖权宣布无效；另一方面有关居留权方面，基本上认同"无证儿童"方意见。

1999年2月6日，内地法律界人士就此裁决第一部分发表意见，一方面认为法理部分完全违反《香港基本法》的规定，同"一国两制"背道而驰；另一方面认为居留权部分将给香港带来负面影响，不符合港人利益，也不符合维护香港繁荣稳定的目标。2月26日，终审法院发表澄清判决，修改上述裁决法理部分，主要内容是香港特别行政区法院的司法管辖权来自《香港基本法》，并没有质疑人大常委会解释基本法权力。次日，全国人大常委会法制工作委员会表示，终审法院的澄清是必要的。虽然如此，但终审法院对居留权的裁决，不符合立法原意，可是仍是终审，将给香港带来极大不利。

为此，香港特别行政区行政长官于同年5月20日，向国务院提交《关于提请中央人民政府协助解决实施〈中华人民共和国香港特别行政区基本法〉有关条款所遇问题的报告》，国务院研究了报告后，向全国人大常委会提交议案，6月26日，九届全国人大常委会第十次会议通过《全国人大常委会关于〈中华人民共和国香港特别行政区基本法〉第二十二条第四款和第二十四条第二款第（三）项的解释》，明确解释该条款的立法原意：一为港人在内地所生子女进入香港须办理批准手续；二为港人需成为香港永久居民之后所生子女，才符合《香港基本法》第二十四条的规定，否则估计将有160多万名港人在内地所生子女要涌入香港，不利于香港的繁荣稳定。

这一次围绕居留权的释法，本来是一场很好的"一国两制"、基本法推广及教育的机会，完全符合基本法的释法，但被攻击为"干预香港内部事务"。一些利益相关者在"乱港派"的支持和鼓励下，使终审法院的裁决不能顺利执行。

第二场是反对依据《香港基本法》第二十三条的立法。2002年，香港特别行政区政府遵循《香港基本法》的规定，授权香港特别行政区"自行立法"，启动第二十三条立法，制定《国家安全（立法条文）条例》。由于它涉及中央与香港特别行政区关系、涉及"一国"与"两制"关系，故有些学者评其可能是香港百余年立法史上最重要、最具论争的一条。它对整个香港社会震动之深、影响之大、涉之之广，实为空前。少数"乱港派"极力反对，有意曲解"一国两制"言行盛行一时，攻击其为"恶法""以言入罪""侵犯人权"等。

香港特别行政区政府为了启动第二十三条立法于2002年9月颁布"实施基本法第二十三条咨询文件"，其宗旨是具体制定维护国家安全条款，以维护国家安全、落实基本法、确保完善法治。此文件咨询期为3个月，咨询期内共收集近10万份由团体和个人提交的意见书，立法会相关的事务委员会共进行了12次会议，271个团体和个人发表了意见。同年2月向立法会提交《国家安全（立法条文）条例草案》，对原有建议作出9个方面16项修订。自草案提交立法会以来，法案委员会开了29次会议，举行4次听证会，听取各方面的意见。直到6月中旬，政府又提出50多项修订建议，再次回应社会的声音。

我们将上述文件和重大修订研究一下，可以明显地看出，第二十三条立法草案是完全符合"一国两制"重大方针的。它有以下两项特点。

一是符合香港普通法原则。特区政府提出的第二十三条立法草案，尽量以现行法例为基础，只有在必需的情况下才引入新的罪行。《香港基本法》第二十三条规定七宗罪，其中五宗罪是在香港原有法例中有的，即叛国、煽动叛乱、窃取国家机密、禁止外国的政治性组织或团体在香港特别行政区进行政治活动、禁止香港特别行政区的政治性组织或团体与外国的政治性组织或团体建立联系。这五宗罪在香港原有法例——《刑事罪行条例》《官方机密条例》《社团条例》中是有的，现将其修改或更新以适应社会发展，尽量清楚和严谨。另外两宗罪——分裂国家、颠覆，不存在于香港原有法例中。在《中华人民共和国刑法》第一百零二条、第一百零三条中有规定，但是，特别行政区政府并没有把内地的分裂国家和颠覆的标准搬进香港，而基本上是全新设计，其构成元素主要来自香港原有法律。

二是第二十三条立法追随世界通例。立法维护国家安全，举世皆然，绝非单单收紧港人的自由和人权。政府在提出草案时，已经参考过其他国家和地区的相关条例，在定罪方面采取了一个比其他国家及地区更严格、明确的标准；在罚则方面，一般而言也较其他国家和地区宽松。

2003年9月5日，香港特别行政区政府宣布撤回《国家安全（立法条文）条例草案》，重新检讨有关立法工作，并向社会各界作充分咨询，而香港保安局将设项目小组作研究。特别行政区政府积极响应市民诉求，转变施政理念和作用，加快经济结构调整和转型，为市民创造更多财富和职位。第二十三条立法必须立，但是不提时间表，条件成熟了，就立，由香港特别行政区政府决定，这就是"一国两制"的体现。撤回草案根本上消除了反对意见的借口，为化解当前政治矛盾创造了重要条件。

第三场是少数"乱港派"，借政制讨论之机，大力反对"一国两制"、基本法。《香港基本法》附件一、附件二规定，2007年、2008年以后特首和立法会议员的产生办法如需修改，则要立法会三分之二以上多数通过、行政长官同意、报全国人大常委会批准（或备案）。可他们对这一规定进行歪曲，把"如需修改"变成了"必须修改"，而且"修改"也只能是一种模式，即2007年一人一票普选特首、2008年全面直选议员。谁不同意修改或按他们的方案修改，就以"违反民意"相要挟。《香港基本法》规定的按照香港的实际情况、循序渐进的原则，全部被阉割了。

对香港政制普选的问题，邓小平同志有着深刻评析。在《香港基本法》草拟时，有个别香港草委带动社会上的一些政治势力，要《香港基本法》写明行政长官、全体议员都由直接选举产生。邓小平同志一下就识破其真实用心，明确指出：对香港来说，条件不具备时普选就一定有利？我不相信。比如说，我过去也谈过，将来香港当然是香港人来管理事务，这些人用普遍投票方式来选举行吗？我们说，这些管理香港事务的人应该是爱祖国、爱香港的香港人，普选就一定能选出这样的人来吗？邓小平同志讲话振聋发聩，掷地有声。他能洞察选举的实质及其可操控性，对香港的普选问题，作出坚定而铿锵有力的评析。

坚持"一国"是重大原则问题，在"一国"的前提下，实行"港人治港"，高度自治。《香港基本法》规定，香港的自治权并不是香港所固有的，而是全国人大授予的。如果没有一国，没有中央授权，香港就不能高度自治、"港人治港"。而且实行自治，是依照《香港基本法》，自治不能没有限度，《香港基本法》的规定就是自治"限度"。2004年4月6日，第十届全国人大第八次常委会通过《关于香港基本法附件一第七条和附件二第三条的解释》，4月26日，全国人大常委会第九次会议表决通过，香港2007年行政长官不实行普选；2008年立法会选举不实行全部议员由普选产生的办法，对具体产生办法，可符合循序渐进原则作适当修改。这对于全面贯彻落实"一国两制"方针和基本法，切实维护香港社会各阶层、各界别和广大香港同胞的利益，保障香港特别行政区的民主制度按照《香港基本法》的规定循序渐进地健康发展，保持和促进香港的长期繁荣和稳定，具有重大而深远的意义。

香港政制发展的主导权在中央

香港未来政制的发展，关系到"一国两制"方针和基本法的贯彻实施，关系到中央与香港特别行政区的关系，关系到香港各方利益和长期繁荣稳定。中央有特别行政区的创制权和基本法的制定权，也享有特区政府的组织权，这是中央享有权力中的十分重要的一项，是单一制原则和国家主权的体现。单一制国家的权力主要集中在中央政权机关。从宪法学理论上讲，地方政府是代表中央政府在本地行使国家权力；重大决策权由中央掌握，地方政府权力来源于中央授权，本身并无"天生"的权力。当然，单一制国家也存在地方自治单位，允许地方享有一定的自主权。但这些自治地方享有的权力是由中央授予的，是派生的而非原始的。例如，香港特别行政区的政权制度，必须由中央政权机关即全国人大来规定。

《香港基本法》已为香港民主政制发展指出了方向，在香港发展民主的道路和速度上，有不同意见，是很正常的，应当允许社会上发出不同声音。但是，香港民主政制发展的根本目的，是要在"一国两制"和基本法的前提和规范下，促进特别行政区整个政治、经济、社会和文化的健康发展，增进全体市民的整体利益和权利与自由。发展民主政制的诉求，不应偏高或有损于上述目的要求。

我国是单一制国家，不是联邦制，地方无权自行决定或改变其政治体制。香港政治体制的发展，涉及中央与特别行政区关系，必须在《香港基本法》的框架内进行。修改行政长官的产生办法和立法会的产生办法及立法会法案、议案的表决程序，是香港政治体制发展中的重大问题，是否修改和如何修改，决定权在中央。这是《宪法》和《香港基本法》确立的一项极为重要的原则，是"一国两制"方针的应有之义。2004年4月6日、4月26日，全国人大常委会分别表决通过决定，将有利平息一段时期以来香港社会就政治体制发展问题出现的争论，有利于香港民主政制沿着《香港基本法》规定的正确轨道稳定前进，根本目的是维护香港整体利益和福祉。

正如以上所述，香港特别行政区在"一国"之下实施高度自治，并非完全自治。这次中央就香港政改问题表态，并非一般事务，而是就香港政制发展的根本方向、前途问题发言，是中央政府的职责所在，完全符合"一国两制"原则，也是香港繁荣稳定之根本。

[本文发表于《复旦学报（社会科学版）》2004年06期]

澳门发展旅游业前景看好

今天召开澳门创建世界旅游休闲中心法律问题学术研讨会，我感到意义非常重大。《中华人民共和国澳门特别行政区基本法》（以下简称《澳门基本法》）第一百一十八条对娱乐业作了专门规定。现在根据《澳门基本法》的规定，提出要将澳门发展成为世界旅游休闲中心，这说明澳门的经济有了很大的转型、很大的发展，所以将澳门创建成为世界旅游休闲中心，它的意义是很重大的。

澳门历史悠久，山水秀美，小巧精致，文物众多。澳门的文物古迹资源很丰富，除了我们知道的大炮台等早已闻名世界的古迹，因东西方的长期交流，澳门还沉积了很多具有中国第一、亚洲第一、世界第一的文物。比如，16世纪初期，澳门就建立了现代中国第一所名叫圣菲兰的医院；19世纪后期，澳门建立了第一所中国近代名叫玛丽圣的学堂；澳门发行了中国第一张报纸，报上登载的很多关于武器的消息，对林则徐抗英起到了非常重要的参考作用。又如，利玛窦在澳门把中国的古书诗书翻译成拉丁文寄到了意大利出版。另外，中国的名著《红楼梦》在澳门第一次用英文出版；海洋所第一座灯塔在澳门建立。上述列举各种第一，说明澳门的旅游资源是非常丰富的，但需要我们挖掘，需要我们整理，需要我们宣传。澳门是一座旅游性的城市，它不仅对旅游业的规定非常严格，而且对旅游建筑物规定了免税的优惠。所以，只要我们科学地立法、严格地执法，澳门一定会创建成世界旅游休闲中心。

（本文为作者在 2016 年澳门创建世界旅游休闲中心法律问题学术研讨会上的讲话）

法治思想篇

以习近平法治思想统领
涉外法律服务

筹备多年的环太平洋律师协会第 30 届年会在上海开埠 178 年后隆重开幕了，这是世界法治的盛会，是中国法治的盛会。作为一名从事法学教学和科研、立法、司法、执法、法治宣传和法律服务已达 60 多年的"90 后"老法律人，请允许我向参与本次年会举办的中央及上海市有关单位领导和专家，向全球首家诞生在亚洲的国际律师组织——环太平洋律师协会及中华全国律师协会、上海市律师协会等表示衷心的感谢！

盛世办盛会，上海是中国共产党的诞生地，是中国律师业的发祥地。记得 2012 年上海律师公会成立百年之际，上海市举办了隆重的纪念活动，我受邀撰文"律师文化，执业之本"，时任中共上海市委常委、市委政法委书记丁薛祥同志出席了大会。此情此景，犹在眼前。

本届环太平洋律师协会上海年会的举办正值中央提出习近平法治思想后不久，在中国共产党成立 100 百周年即将来临之际，可谓机不可失，正逢其时。习近平法治思想提出统筹推进国内法治和涉外法治，本届年会是中外法治文明交流互鉴的法治盛宴，是传播习近平法治思想和推进涉外法律服务的全球盛会。

涉外法律服务要以习近平法治思想为统领。习近平总书记指出，中国坚持对外开放的基本国策，坚持打开国门搞建设，积极促进"一带一路"国际合作，努力实现政策沟通、设施联通、贸易畅通、资金融通、民心相通，打造国际合作新平台，增添共同发展新动力。以"一带一路"建设为重点，坚持"引进来"和"走出去"并重，遵循"共商、共建、共享"原则，这些重要论断为新时代中国企业"走出去"参与国际投融资活动和推进涉外法律服务提供了路径和方向。

推进涉外法律服务要以"一带一路"为抓手。构筑"一带一路"建设良好的法治环境需要集政治环境、经济环境、文化环境、社会环境、生态环境于大成。我们要构建中国特色社会主义涉外法治体系建设，中国涉外法治体系要将我国的涉外法律体系和以联合国宪章为基础的国际法治体系相互连接和贯通，相互借鉴和融合，要注重将中国法律"走出去"，有中国人和中国企业的地方就应当听到中国法治的声音，就应当有中国涉外法律服务的影子。

推进涉外法律服务要加强教育和培育工作。我们要加强高校和科研机构涉外法治的教学和研究工作，培养一大批高水平的师资人才。我们要加强培育涉外律师工作，加强培育一大批爱党爱国、业务精湛、熟悉国际法治的精英法律人群体，特别是能在国际组织担任领导人，能发出中国声音、传递中国智慧的顶尖法治人才，要重视和使用好高端法治人才。

当前，中国经济已深度融入世界经济，经贸往来之密、要素流动之广、市场融合之深前所未有，中国的发展越来越离不开世界，世界发展也越来越"亲近"中国。在新的历史起点上，我们要充分利用国际国内两个市场、两种资源，发展更高层次的富有中国特色的开放型经济。

环太平洋律师协会作为著名国际律师组织，成立30年来团结亚洲和太平洋地区的商业律师，崇尚以"五通"为主要内容的全方位务实法律合作，有助于促进全球贸易、跨国投融资、跨国生产与服务网络的更快发展，是推进涉外法治工作的有机组成部分，是中外律师携手合作共赢的平台和纽带。

本次年会以"线上+线下"方式开展研讨，在新冠肺炎疫情背景下成功举办实属不易，必将载入历史！

最后，祝第30届环太平洋律师协会上海年会取得圆满成功！

（本文为作者在 2021 年环太平洋律师协会第 30 届年会上的演讲）

司法公正篇

保障司法公正的四个要件

在建立社会主义市场经济体制过程中，全国法院较好地完成了审判任务，对维护国家安全和社会稳定，保护公民、法人的合法权益，保障改革开放和经济建设，发挥了积极作用。

严肃执法、秉公办案是审判工作的根本要求，司法公正是严肃执法的核心。从总体上说，全国法院是严格依法办事的，绝大多数裁判是公正的。但是，也有一些法院在审判工作中搞地方保护主义和部门保护主义，少数审判人员办关系案、人情案，有法不依、执法不严、裁判不公的问题比较严重。这些问题尽管是局部的，但严重损害了国家法制的权威和统一，败坏了人民法院的声誉，必须坚决加以纠正。

真正要做到司法公正，主要可从下列四个方面着手。

一是提高法官素质是司法公正的根本。在建立社会主义市场经济体制的新形势下，党和国家对法院队伍建设提出了更新、更高的要求，造就一支政治坚定、业务精通、作风过硬、廉洁奉公、严肃执法的法院队伍，是保障司法公正之本。在政治上，要坚持在党的领导下依法独立审判，增强政治理论素质和理论思维能力，廉洁自律，自觉抵制不正之风。在业务上，要不断更新知识，努力培养一批高水平、高层次、高素质的专家型法官。

二是完善法律法规是司法公正的关键。司法是以事实为依据，以法律为准绳。在当前改革开放和经济建设迅速发展的形势下，审判工作面临不少新情况、新问题，新类型案件不断出现，法律、法规呈现滞后。审判工作一直按照如法律、法规没有规定或不明确的，以政策和法律的基本原则为指导，按照"三个有利于"的标准，实事求是处理。由于各地情况不一，个人素质不一，对新类型案件的定性量刑有时不一，易形成不公。因此，完善立法，适度强化案例参照作用，是保障司法公正的关键。

三是改革庭审方式是司法公正的途径。改革庭审方式是推进审判工作上新水平的有效措施，是规范诉讼活动、提高法官素质、搞好廉政建设、维护法院权威和公正形象的途径。庭审方式改革首先在民事、经济及行政、刑事自诉领域进行，遵循法治原则，抓好开庭审理，强化当事人举证责任。力求做到有证举在法庭，有理讲在法庭，事实查清在法庭，是非责任分清在法庭。让当事人赢得堂堂正正，输得明明白白，充分发挥庭审功能，展现法庭裁决的公正和权威。

四是各方关心支持是司法公正的基础。法院审判涉及各方各界人士，涉及人身、经济权益。司法工作遵循《中华人民共和国宪法》规定的"法律面前人人平等"原则，无论是当地当事人还是外地当事人，无论是名人还是普通人，无论是公民还是政府，无论是领导还是群众，无论是中国人还是外国人，无论是内地人还是境外人，无论是单位还是个人等，谁合法就保护谁，谁违法就制裁谁。产生地方保护主义和部门保护主义的原因是多方面的，法院首先要从自身做到公正裁判，抵制外部干扰也务请人们支持法院审判工作，不要提法律以外的要求。

法院的司法审判工作，是代表国家行使审判权，其任务是神圣而又艰巨的。让我们共同努力，使我国法院成为最讲道理、最主持正义的地方，保障司法公正，实现裁决权威。

（本文发表于《民主》1995 年 07 期）

司法公正与法官职业化

司法公正虽然需要直接通过公正的司法审判程序来实现，但司法人员特别是法官的素质又严重制约着司法审判程序应有功能的发挥。笔者并不否认，公正的司法审判程序可以在一定程度上刺激或促使法官素质的提高，但也不能忽视这种先程序后素质的改革方式必然要付出巨大的代价，那就是容忍低素质的法官对公正审判程序功能的削减，实质也是对司法公正的削减。因而，建构专门的司法组织制度对于提高法官素质不仅具有独立价值，而且实际成为几乎与司法独立价值相当的司法公正实现的前提性措施。而这种专门的司法组织制度的一个核心内容就是所谓法官职业化，通俗地讲也就是法官工作的严格控制化、集中化与统一化，其直接目的是确保法官素质。它比法官精英化的提法更为贴切。法官职业化虽是法律职业化的组成部分，但由于法官的审理与裁决是决定案件命运的终局性行为，法官在司法程序中扮演的角色最为关键，因此，法官职业化要求显然高于律师职业化、检察官职业化。

法官职业化作为一种制度安排，包括两个方面的内容：一是对法官本身的实体性要求，包括水平和品格两个层次的内容。水平主要指法律专业水平，而法律专业水平主要指把法律规定和案件联系起来进行理性思维的能力，这种能力，比律师、检察官的要求要高，这是要求法官具有法学家水平的理论依据。品格除了品质高尚的一般性要求，对于法官而言主要是对法律不折不扣的信仰。法官从本质上讲并不代表任何利益，包括国家、公民或个人，他只代表法律或公正，是人类社会为实现法治有意模塑的一个超脱的中立者化身。法官并不顺从民意，他只顺从法律。美国联邦法院一位大法官在中国演讲时曾讲到，法律应当保证法官敢于作出不受欢迎的判决，其理论内涵是相当深刻的。二是保证实现上述实体性要求的制度操作。这是极富实践意义的关键性步骤，内容主要包括严格的法官准入制度（包括资格考试与选拔）和职务稳定保障制度（包括终身或长期任职制与高薪制）及职业自治制度。这方面理论界的探讨较多，不再赘述。

需要特别强调的是，上述法官职业化的实体性要求与制度操作已有国外成功的经验可供借鉴，在理论研究的基础上提出一套较为科学的方案并不是一件十分困难的事情，而法官职业化在我国实现的难度我们必须保持清醒的认识。一是审判程序的科学化问题。法官职业化与审判程序的科学化是相辅相成的，审判程序不科学，法官职业化容易演化为专断化、垄断化，特权化和贵族化，所以应继续深入推进审判方式改革。二是司法独立问题。司法独立相对于法官职业化和审判程序的科学化又具有前提性。司法不独立将严重影响法官职业化良好功能的预期和价值的实现，而司法独立涉及的对国家权力的总体配置在我国实现的难度是众所周知的，需要政治体制改革持久、深入地进行。三是职务稳定性所需要的职务的长期或终身制与高薪制，不仅需要改变目前法院管理的传统的行政化模式，更需要经费保障。法官的高薪制直接影响法官职业声望和法官职位对公众的吸引力，并直接影响吸纳优秀人才。此外，法官职业化还面临着一个现实的任务，就是全国现有的庞大的法官队伍的分层、分类、分流和精简问题，这无疑是一项十分艰巨的任务。解决这一问题不仅需要在理论指导下拿出切实可行的方案，更需要改革的胆略和勇气。可见，最高人民法院近期提出的实现法官职业化的要求既是一项意义深远的宏伟战略，又是一项困难重重的改革目标，仅仅依靠法院自身是无法实现的，还需要党中央、全国人大、国务院乃至全国人民的支持与配合。

（本文发表于《中国法学》2003 年 01 期）

律师文化篇

律师文化　执业之本

——纪念上海律师公会成立百周年

　　20世纪是中华文化经受空前巨大、深刻、剧烈变革的伟大世纪。在百年巨变的烈火中，包括法制文明在内的中华文明获得新生，它不仅是移植新法、开启民智、贯通中西的法制变革的历程，更是中华法制走出传统的困境，与世界接轨并获得新生的历程。中国传统法制在极短时间内退出历史舞台，而代之一个又一个颇为生疏的新式法律体系和法律运作机制：自由、民主、平等、法治、权利神圣、无罪推定、辩护陪审等，法学成为中国的"显学"。据不完全统计，仅20世纪上半叶，全国各地出版的法律、法学著作、译文及资料多达6000余种，发行量达数百万册。

一、孙大总统法制措施

　　辛亥革命后，南京临时政府成立虽仅三个月，但除颁布《中华民国临时约法》外，还开展了广泛的法治活动，颁布一系列保障民权、革除陋习、整顿吏治等法律、法令、章程等，并大力筹组律师制度等，极大地推动中国法律近代化的历史进程。1912年12月8日，中国最早拥有众多律师的大城市上海率先成立了上海律师公会，它体现了孙中山临时大总统的法制思想和立法措施。

辛亥革命后，受民主革命的影响，各地律师组织迅速发展，并多获地方政府的支持。同时，南京临时政府也在积极筹组律师组织的立法工作。据《南京临时政府公报》登载内务部警务司长孙润宇为建设实行律师制度曾向孙大总统呈送《律师法草案》，并呈文"司法独立乃法治分权精神所系，而无不可无律师以来辅助之"。孙大总统作如下批复："查律师制度与私法独立相辅为用，乃文明各国之近行，现各地纷纷设立律师公会，尤应制定法律，以资依据，合将原呈文、草案发至法制局，抑即审核呈复，以便咨送参议院议决。"值得注意的是，孙大总统在批文最后加上"切切！此念"文字，说明他对此事重视程度。可惜，由于执政时间短暂，《律师法草案》交法制局后的审核程序，终未完成。时隔不久，北洋军阀政府倡导封建伦理纲常，维护封建买办统治秩序，借助军法审判干涉司法；其后南京国民政府先后颁布《律师章程》《律师法》《律师登记规则》等，形式上完成律师制度体系，但独裁统治，实际上"司法党化"，真正意义上的"司法独立"并不存在。

再以民国成立后第一大案——"姚荣泽案"为例证。姚荣泽乃前清江苏省山阴县县令，下令派人刺死两名革命党。1912年2月9日，孙大总统发电告知有关部门要尽快将其绳之以法，以顺应革命形势之需。当时曾组织三人审判官，七人陪审员，组成临时合议庭，允许被告聘请律师，出庭辩护，并有证人出庭指证。但由于种种政治原因，终审减判十年监禁，并处罚金（实际上仅关三个月就释放了）。当时民国刚成立，战局频繁，政局动荡，有法不依，以权犯法，时有发生。但围绕"姚荣泽案"发生有关司法独立的论争、文明原则的确立、辩护原则和陪审制创建等，在当时具有很大的代表性和影响性。

二、首创立业 茁壮成长

上海律师公会几乎与上海律师同时出现，它见证了上海本地律师的产生和发展过程。

上海的本地律师最早是那些留洋学生。据史料记载，1912年1月南京临时政府司法部任命陈则民等32名法科毕业生为公家律师，并指出，如有原告、被告聘请，便可上法庭为其辩护。民国初期，旧上海政权重叠、多变，司法机关随之不断变化，律师组织显得更加错综复杂。

上海律师组织的筹建初期是无序的。据《申报》1912年2月10日报道，最早出现的公会是江苏律师公会；其后江宁律师公会成立。与此同时，上海也建立起律师组织，1912年1月28日中华民国律师总会于上海成立，并于《民主报》发表章程，内容为总纲、资格、会员、职员等六章十八条，明确指出宗旨："巩固法律、尊重人权。"另有中华律师联合会、律师协会等。其中以中华民国律师总会规模最大、人数最多。但是，它在各地律师公会还没有建立起来之际，成立全国性律师组织显然不妥，而且临时政府也强调律师组织的地域性。正是在此背景下，中华民国律师总会开始改组为上海律师公会，以名副其实。1912年12月9日，《申报》登载《上海律师公会通知》，上海律师公会已于12月8日借江苏教育总会（地处上海）举行成立大会，公推陈则民为会长，并有副会长、评议员等人。它明确强调了它的地域性，并按照法定程序移请检察厅，呈报司法部立案，凡领有律师证者，已向高等审判厅登录，在上海设有事务所者，皆按照本会章程入会。1927年，公会改组，由会长制改为委员制，由执行委员及监察委员组成，常务执行委员主持日常工作；抗日战争结束后，由原执、监委员改为理事、监事。

上海律师公会是旧上海律师人数最多、活动频繁、影响大、内涵丰富的律师行业职业团体，1926年开始筹款买办公楼，并公议选中贝勒路572号（今复兴中路301号），1929年10月正式入驻该楼办公。从正式成立起，除1937年7月抗日战争全面爆发，整个国家处于战争状态，工作受到一定影响，但仍在延续活动，直到1941年下半年实际陷入瘫痪状态，抗日战争结束后，1945年8月原有会所恢复，据从最初几十人发展到1948年1月统计人数1178人，这种从西方传入的新的社会职业，已逐渐深深扎根于中国，成为一种新的社会知识阶层。

1949年12月31日，中国新法学研究会上海分会筹委会常务委员呈文上海市军事管制委员会，要求将原律师公会"会所先行指定本会代为保管"。1950年1月12日，上海市军事管制委员会签署命令，同意中国新法学研究会上海分会派人员前往上海律师公会，妥善保管使用，并令原上海律师公会理、监事负责点交。1979年4月10日，上海市律师协会恢复建立。2010年12月，在旧址上建立的上海律师公会旧址陈列馆正式开馆。

三、匡扶正义 建立法治

上海本土律师是旧上海律师队伍中的一支重要力量，承担了几乎所有华界的律师业务和少量租界的辩护任务，还涌现了一批以国家存亡、民族利益、维护民权为己任的杰出律师，他们以精湛的专业知识、高尚的人格素养，见证并参与中国民主法治的进程，有的还为中国法制事业作出了卓越的贡献。

（一）积极参与收回会审公廨爱国运动

会审公廨是西方列强侵害中国司法主权甚至国家主权，1868年清政府与英国、美国等国领事签订《上海洋泾浜设官会审章程》，设立上海公共租界会审公廨等。在上海，收回法权主要的目标是废除公共租界的会审公廨，这一运动承载着人们恢复主权的强烈愿望，而在其中上海律师公会起了积极而又重要的作用。1929年4月，上海律师公会举行春季定期会，提出要政府完全收回上海治外法权议案，指出："在上海这一地域仍有人类不能忍受之领事裁判权，会审公廨制度继续存在，割裂裁判权，侮辱我民族，莫此为甚。"经过上海律师公会有识之士多次奔波，先后敦促政府与外国使团交涉，派代表前往南京请愿，终于在1930年与各方签订《上海租界内中国法院之协定》，上海律师公会功不可没。

（二）在抗日救亡运动中的积极作用

1931年"九·一八"事变，全国掀起反对日本帝国主义侵略的社会浪潮，上海律师公会也卷入其中。9月25日，上海律师公会召集紧急会议，通过《为救济国难宣言议案》，宣布与日本经济绝交计划，开展反日宣传等多项议案，并大力加强对政府呼吁，希望政府能果断应对，力挽危局，"用于肃清东三省祸根，奠安全净土"，措辞异常激烈，体现上海律师忧国忧民的急切心理。同时，上海律师公会又做一系列具体工作，积极开展援助前线的募捐活动，并派律师慰劳将士。

与此同时，上海律师公会还为进步人士和共产党人进行辩护，这些人士常遭拘捕甚至杀害。具有正义感的上海律师，挺身而出，并与国民政府、租界当局进行合法斗争，从中支持人民的进步事业和革命事业。例如，史良律师曾为左翼作家艾芜、共产党员熊瑾可等同志辩护，均获得成功；张志让律师等为国民党左派领袖邓演达等辩护；吴凯声律师还为共产党领导人陈赓辩护，使他终于脱险到中央革命根据地。

（三）"五卅惨案"的成功辩护

1925年5月，公共租界发生巡捕镇压爱国学生的"五卅惨案"，震惊了整个社会，也让上海律师界感到无比愤怒。当时的会长张一鹏在惨案发生不久后就发表公开讲话，痛斥巡捕的卑劣行径，派陈霆锐等律师担任被捕学生的法律顾问，出面与工部局巡捕房进行交涉，同时又商定何飞等两名律师担任学生的辩护律师。

法庭上展开了激烈的辩护。原告英籍律师将这一事件指控为"暴动"，对此，中国律师针锋相对地指出：全副武装的巡捕面对的是手无寸铁的学生，说学生暴动完全是无稽之谈。原告律师要求将被告逐出租界，但由于中国律师的有力辩护，法庭并未采信，而是裁决"缺席者罚处拘禁，余人须将来恪守秩序"，最终当庭释放了无辜学生。中国律师的辩护，保护了学生，驳斥了污蔑之谈，维护了民族的尊严，成为当时的一段佳话。

（四）"七君子"被迫释放

1936年11月22日，国民政府以"扰乱社会秩序，危害民国"为借口，将要求国民政府停止内战、释放政治犯、建立统一的抗日政权的"全国各界救国联合会"骨干成员沈钧儒、邹韬奋、李公朴、沙千里、史良、章乃器、王造时七人非法秘密逮捕，史称"七君子案"，其中属于上海律师公会会员的有沈钧儒、沙千里、史良，他们都是上海律师界的重要成员，其中沈钧儒更是时任会长。1937年4月3日，江苏省高等法院检察厅以《危害民国紧急治罪法》第六条提出公诉。当时，律师界组织了21名律师参与辩护，几乎都是上海律师界的重要人物，颇有声势，张志让律师为首席辩护律师。同时，中国民主人士和一些国际知名学者纷纷营救，宋庆龄、何香凝等发起"爱国入狱"运动，联合具状要求以"爱国罪"入狱，迫使国民政府授意江苏省高等法院将"七君子"取保释放，沈等胜利出狱。但直到1939年1月26日才由四川高等法院第一分院宣布撤回这一案件的起诉，该案在程序上宣告了结。

（五）积极开展贫民法律援助与冤狱赔偿活动

1926年在上海律师宋士襄等人的倡导下，上海律师公会在上海成立上海律师援助会，为贫民服务，使他们"得有所告"；1928年又成立贫民法律援助会，进一步派人员为贫民出庭辩护，不取报酬，也推动全国性贫民法律援助会。1934 年 3 月，中华全国律师协会成立全国性贫民法律援助会。1935 年 4 月 2 日，《大公报》发文指出：全国各处律师公会附设贫民援助会，乃贫民排忧解难，皆可认为律师界维护人权，服务社会的精神，值得国人称赞。1947 年 6 月，贫民法律援助会改组为平民法律援助委员会，扩大了法律援助范围。

有关冤狱赔偿活动，是由于在国民政府的旧法制之下，冤狱不少，受害人甚多，要求赔偿呼声高涨。1924 年中华全国律师协会议定组织冤狱赔偿运动委员会；上海律师于 1935 年 5 月 5 日在苏州召开会议成立此委员会，沈钧儒代表公会阐述这一运动的重要性，实为保障人权，改进司法，人民所谓"罪过"入狱，其所受拘役精神之痛苦，自不待言。《申报》1935 年 6 月 6 日也登文把冤狱赔偿与维护人权结合起来，是保障人权的一项重要措施。

（六）杰出精英为中国法制建设的卓越贡献

杰出精英前辈，不仅是民国初期上海律师的杰出代表，更重要的是他们为中国的法制事业作出了卓越贡献。

1. 沈钧儒（1875—1963），中华人民共和国成立后，曾任最高人民法院院长，历任全国人大常委会副委员长、全国政协副主席、民盟中央主席等。

2. 史良（1900—1985），中华人民共和国成立后，曾任第一任司法部部长，曾任全国人大常委会副委员长、全国政协副主席、全国妇联副主席、民盟中央主席等。

3. 张志让（1893—1978），中华人民共和国成立后，曾任全国人大常委会法制委员会委员、最高人民法院副院长等；1956 年在《中华人民共和国刑法》尚未颁布时，负责调研"刑事案件的罪名、刑种和量刑幅度"指导各级法院定罪量刑。

4. 章士钊（1881—1973），中华人民共和国成立后，曾任全国人大常委、全国政协常委、中央文史研究馆馆长。

5. 沙千里（1901—1982），中华人民共和国成立后，代表上海律师公会和中国新法学研究会上海分会向市军管会移交上海律师公会财务，曾任全国政协副主席、全国人大常委等职。

6. 韩学章（1912—1997），中华人民共和国成立后，曾任上海市高级人民法院民庭庭长，恢复重建律师制度后任第一任上海律师协会会长、全国律师协会副会长等。

四、律师文化 执业之本

上海律师公会旧址，昭示了昔日律师在历史舞台上铸造的璀璨辉煌，留下了前辈律师为国家、为民族、为人民而奋斗的足迹。一幅幅发黄的照片，一张张褪色的文稿，一件件珍贵的实物，无不凝结着上海律师的业绩。我们对会址、前辈律师的追忆，不仅仅是一种历史的怀念，更是感受一种律师文化的精神熏陶。

追思百年，以中华人民共和国成立为限，分为中华人民共和国成立前37年，中华人民共和国成立后63年。

中华人民共和国成立前的37年，前辈英杰的足迹、进步、呐喊，每一项执业都是律师业界的经典，集中呈现了他们的律师文化，律师文化是执业之本。

律师是文化人，有深厚的知识积累，但与律师文化是两回事。

律师文化属社会意识形态范畴，属人类精神财富，具体指一个共同体具备的人文素质和专业水平，认同同一基本原则、道德标准、共同信仰、价值追求和职业素质，使之融入律师个人血液中，成为一种自觉的习惯。

从上海律师公会旧址，反映出的英杰前辈不同于寻常的岁月。在当时的特定条件下，有着一定的政治色彩，那些颇为尖锐的言辞、正义的行动，早已超出了旧政府给职业团体所预计的行事范围。他们走过的路不是春风香花，而是腥血涂地，坎坷艰难，为了保全权利，实现人权，不畏强权，挺身而出。在民族危机、国难当头，他们的言行与时代合拍，与人民顺应。这种律师文化是他们坚定步伐的基础，是我们后辈永远追念和学习的榜样。

中华人民共和国成立后的 63 年中，先进的律师文化有着从无到有的发展过程。初期，由于各种原因，几乎没有律师业开展，更没有律师文化的形成，直到 1980 年颁布《中华人民共和国律师暂行条例》，1986 年组织律师统一考试，2001 年颁布《中华人民共和国律师法》及 2007 年修订《中华人民共和国律师法》，律师人数逐渐增加，素质明显提高，律师文化也随着律师制度发展而逐步完善。司法部、律师协会也先后提出：要建设先进律师文化作为推动律师工作发展的重要措施。律师精神状态和精神文化处于积极向上的一面，律师文化的内涵越来越丰富，基础越来越巩固，并逐步成为当代律师文化的主流，成为为法治社会和市场经济所要求的、代表律师制度自身发展规律的社会责任和精神风貌。

但与昔日相比，由于时代、历史大背景的不同，当代律师文化的具体行为方式、思维模式等也有所不同。但据笔者拙见，不管有何区别，前后律师文化的主旨精神是一致的，它包括法律至上的信仰精神、不畏强权的抗争精神、崇尚自由的独立精神、援助弱者的人文精神、坚持职业道德的自律精神、不为私利所驱的诚信精神、内行相敬的公平竞争精神等，不论何时何地，律师文化永远对社会起着导向作用、示范作用、激励作用、凝聚作用、约束作用。

五、小结

建筑是固化的历史，人们常会因一座建筑，记住一段历史，甚至记住一个国家或民族。这座上海律师公会老楼，以及众多英杰律师前辈的业绩，永远是我们后辈的无价之宝，是我们取之不尽、用之不竭的精神源泉。

（本文为2012年12月8日上海律师公会成立百周年纪念大会论文）

从一位中国法官的角度观察中国律师

律师是为社会提供法律服务的专业人员，产生于法治社会对法律服务的需求，在现今社会司法制度民主化的进程中发挥着极其重要的作用，它的发展状况是一个国家文明程度和法治程度的重要标志。

随着我国社会主义市场经济体制的逐步确立，民主法治观念的日益增强，时至今日，我国律师已经成为一种不可或缺的社会主体，融入社会。社会也在逐步认可律师及律师提供的法律服务：律师业的生命力在于作为团体被社会承认和支持。

一是实施依法治国的因素。党的十五大报告确立了依法治国的基本方略，明确了建立社会主义法治国家的目标。法治，是由许多法律因子构成的，主要有立法、执法、司法、普法等。律师在其中也发挥了重要的作用。它维护法律的正确实施，依法保护当事人合法权益，引导群众依法解决纠纷，以保证社会的公正和稳定。公正，是现代法律制度追求的基本价值目标，是法律的精神实质所在，也是律师生命的特点。

二是推进司法改革的动力。司法改革是发展社会主义民主和健全社会主义法制的重大内涵，而正确发挥法院的基本功能，又是司法改革的重大内涵。因为法院是法治的基本要素之一，社会关系最稳定的调节器，人民自由权利的最后一道保护屏障，是公正精神的体现。要正确实现这些功能，律师起着重大促进、制约作用。这是中外法治历史的总结，我国司法实践也证明了这一点。

三是遏制司法腐败的力量。司法腐败是各国人民所痛恨的弊端，我国当前正在积极努力，从各方面消除和减少司法腐败现象赖以存在的机会和条件。笔者认为，从广义上说，律师的不良行为也是司法腐败的一个方面（如私自向委托人收取规定外费用；送礼行贿，或诱导当事人行贿；提供虚假证据；干扰诉讼等），要依法遏制。另外，律师也是遏制司法腐败的一支力量，他们了解内情，参与诉讼，如洁身自好，保证执业的纯洁性，或必要时反戈一击，也有利于遏制司法腐败。

事实证明，社会越是向前发展，律师的功能越是广泛和强大，全方位地介入社会生活，应该是意料中的事。为此，笔者对现在确实还是社会上相当稚嫩的中国律师，提出四点拙见。

一是正视基本国情。我国还处于社会主义初级阶段的基本国情，是我们制定路线、方针、政策的根本出发点。中国自身的历史发展、独特的法文化和现阶段社会经济政治环境，决定了我国律师业的发展既要执行被历史证明过的固有逻辑，又要适应我国国情，不能操之过急，也不能故步自封，必须遵循初级阶段理论精髓"解放思想、实事求是"发展。

二是迈向现代律师。讼师已改称律师，目前离实现现代律师的发展目标还很远。现代律师往往将其与高人一等的财富、身份和社会地位联系在一起，是一个受尊敬的群体。律师拟应向现代律师发展，按现代律师思维、素质、学识、智慧、举止、精神，不断磨炼自己，既享有律师权利，又能维护现代律师形象，还要加强职业道德、执业纪律教育，提高律师队伍的整体素质。现代律师力举成为法界精英，逐渐介入政治生活，并成为其重要力量。

三是改善法律训练。由于律师工作性质和职业特点的特殊性，决定了律师必须有较高的法学知识、较强的业务技能和广博的知识储备。因此，在高等院校法律本科的学历基础上，必须再接受长的训练和长的考试。这种长的训练和长的考试应对所有法律工作者（如律师、法官、检察官等）是统一的。西方国家有的从资深律师中遴选法官；有的在接受同一训练、同一考试后，再分报具体法律工作部分。因此，法官、律师等法律工作者具有同样的法律思维、法律素质。相比之下，我国有些律师和法官，有时对并不复杂的案件的认定、适用法律等，南辕北辙，形成输得不明白、赢得不清楚的情形。因此，我们的律师（包括法官、检察官）必须改善法律训练，全面提高业务素质。

四是引进先进管理。目前许多律师事务所，三五成群，散兵游勇，摆脱不了个人操作，尚未形成较为成形的律师文化。从整体上看，仍处于一种不稳定状态，所内不能形成一种科学组合的整体，形不成规模与气候。这在律师事业发展国际化、竞争化、白热化的情况下，是无法迅速发展的。因此，拟在《中华人民共和国律师法》的规范下，律师事务所需根据自身特点引进先进管理经验和制度，促进我国律师事业和现代化建设。

（本文收录于《国际经贸中的律师》，香港文汇出版社，2011年3月）

律师的立身之道

今天接受律师协会授予的"专家顾问"称号，感到十分激动。既是"专家"，又是"顾问"，"两顶帽子"在一起，真是却之不恭，受之有愧。这充分表示大家对我的尊重和厚爱。我再次表示衷心的感谢。

我记得六年前，我在一次律师聚会时，我作"从一位中国法官的角度观察中国律师"的发言，至今这个内容从主体和客体都发生变化。从主体来看，我已完全离开上海市高级人民法院，全身心地投入教学；从客体来看，律师的群体迅速发展，已成为现代社会最具有进步意义的一个群体，律师的职业，也是最亮的一道职业风景线。律师的形象，更高大、更突出、更鲜明了。

在律师业的发展和成绩有目共睹时，我们也不能不看到它与我国现代化的市场环境和法治环境相比，与国际律师业的整体水平相比，仍有很大差距。为此，我提出两点不成熟想法，供大家参考。

一、迅速提升律师作用的深层内涵

律师最早起源于中世纪的英国，发展至今，它是国家文明和民主发展的重要标志，是法治社会的重要支柱之一。但其作用在不同国家和地区、在不同发展阶段，都有着不同层次体现。我们以在世界上律师作用发挥最淋漓尽致、达到极点的美国，做些比较研究，也许有点启示之义。

美国是一个由律师治理的国家，有人称为"律师共和国"。美国的法治，从一个角度而言，典型地体现为"律师之治"，从另一角度而言是"法官之治"（而法官是从资深律师中遴选）。据统计，美国总统从华盛顿到克林顿共41人，其中律师出身者有25人，占总数的70%；副总统共47人，其中有32人曾任律师，占总数的76%；国务卿约62人，其中有48人从事过律师工作，占总数的77%。美国大多数议员、州长、政府官员，以及他们的顾问都由律师担任。在联邦制宪会议的55名成员中，有33人是律师，约占2/3。这种广泛的律师统治，几乎是二百多年美国政治史和法律史的一个表征或缩影。因此，有不少美国人评论，"我们的政府是一个律师的政府，而不是人民的政府"。

美国这样的一部"律师统治"的历史，是怎么形成的呢？这是由于三个方面的原因：一是一个社会律师的地位和作用，取决于那个社会法律的地位和作用，由这个社会的法治程度决定；二是由于社会生活日益法律化和法律日益复杂化的需要，这是客观要求；三是由于律师自身的努力，使律师地位不断提高，在逐步取得社会地位的同时，又不断取得政治权力。这明确地告诉我们这样一个事实：

"法律政府"不仅是我们通常所理解的"受法律约束或依法运作的政府",而且还包含由熟悉或精通法律的人组成政府,而这可能是一个至关重要的问题。

我国律师通过诉讼、非讼、重大建设项目等法律服务,对社会主义市场经济体制作出了重大贡献;在缓和矛盾、稳定社会秩序方面,也发挥了独特作用,但是,更应该从站在巩固和加强执政党执政基础地位的高度,发挥律师更大的政治影响,更阔步走上政治台阶,迅速提升律师作用的深层和内涵。

二、严格地恪守律师职业道德

这几年,社会上在议论律师时,往往把它与金钱、经济利益相连,这与律师在执业中不注意职业道德和职业形象有关。律师的社会责任感应集中于能否主持正义上。董必武有句名言,"律师要仗人间义"。我们一定要有正义感。有一位西方律师协会主席说过"无论你处理的事务是大还是小,无论这一事务的直接影响是宽还是窄,在这当中,你首先要以勤奋、无畏和公正去运用正义和自由的崇高原则"。社会主义律师的性质、任务和特点决定律师必须有良好的职业道德。律师在执业中既与当事人、国家机关工作人员、同行发生法律关系,又不受他人的干预;既要维护当事人合法权益,又要维护国家法律的正确实施;法律职业涉及社会生活的各个方面,活动范围极为广泛,社会生活只要遇到法律问题,都可以委托律师提供法律服务。律师职业道德,是律师政治素质、理想理念、思想品质、纪律作风、情操气质和仪表风度的综合反映。

由于律师的使命在于维护人权、实现正义，所以各国立法都对律师的职业道德提出了很高的要求。《中华人民共和国律师法》和司法部颁发的《律师十要十不准》《律师职业道德和执业纪律规范》等文件对律师职业道德作了一定规定。对律师的职业道德要求，从对国家公务员的要求中分离出来。其他西方国家通过《律师法》《刑法法》《律师职业责任准则》等也作了较完善的规定。这些主要内容可以归纳为：第一，在律师与当事人关系方面，如律师为当事人进行诉讼必须有资格、有能力能够胜任，若想退出当事人委托其办理的案件，不得突然以损害诉讼当事人利益的方式退出；第二，在律师与同行关系方面，应当以诚实、谦恭和互相关心为准则；第三，在对法院的关系方面，应当注意礼貌和克制，不得对法官使用侮辱或诽谤性的言辞，在法庭上发言必须真实、准确，并与法官关系为公为私都要距离远一点。对律师的执业行为进行规范和制约，提出明确的具体要求，才能有效地保证律师在执业活动中，为社会提供优质服务。律师无权无势，只是为社会提供法律服务的执业人员，但是它却是维护国家法制的一支重要力量。忠于职守维护法制，是律师的重要任务，也是律师职业道德的责任，当然律师不仅要负职业道德责任，还要负法律责任，即刑事责任，即民事责任、行政责任，依照法律规定，律师的行为违反了不同的法律条款，就应当承担相应责任。

无论如何，作为执业律师，大家是幸运的一代，虽然挑战与机遇并存，但就律师业来看，机遇大于挑战。展望未来，律师事业天地宽广。

（本文为作者在2004年上海律师代表大会上受聘担任专家顾问时的演讲）

齐心协力　和谐办所

　　今天我参加如此盛会，内心感到十分激动和兴奋，我要感谢同仁们对我的信任，感谢各位领导对我的厚爱，同时，更要感谢各位到会的贵宾——我的老领导、老同事，你们的到来是对我最大的支持。刚才各位的发言，是对我的激励，对事务所、律师事业的肯定，必将转化为巨大力量，推动社会主义律师事业的发展。

　　我能到金茂凯德律师事务所工作是一种缘分和机遇的巧合。首先是一种缘分，是一种天意；同时，更重要的是一种机遇。我们社会主义法制事业发展提供了这种巧合的机遇，没有这一点，我是不可能到此工作的。

　　在律师事务所工作，责任重大，任务光荣，对我来讲是一个"新兵"。我干了五十多年法学、法律工作，在立法方面，在香港参加了基本法的制定工作；在司法方面，在上海市高级人民法院工作过；在政府法制咨询方面，在上海市政府参事室工作过；我长期担任法学教育工作，在复旦大学工作过；我还担任法学宣传工作，在上海市法学会工作过；还担任法律仲裁工作，在上海市仲裁委员会工作过。但对法律服务工作是第一次，可谓老兵新传。因此，恳求各位同仁的谅解和支持。

金茂凯德律师事务所是一所新所，但基础扎实，所以实质上是一所新的老所，当然也是老的新所。它底气深厚、潜力十足、素质优良、朝气蓬勃。当前，新的《中华人民共和国律师法》正在实施，我们一定要珍惜这一时机，充分并依法地依据新《中华人民共和国律师法》规定的新亮点，利用这一契机，在司法局的领导下，在原有基础上形成一所在上海有相当影响力的律师事务所。

我有自知之明，深知自己年高体弱，不胜负担，并与所内各位年龄差距较大，有代沟，有的有一代，有的有两代之深，这是客观事实，无法更改。但我深信，只要以大局为重，为了事业发展，代沟可以缓和，大家齐心协力，和谐办所，为了一个目标、一个方向而努力。

最后，祝各位同仁事业发达；各位领导、贵定身体健康；金茂凯德律师事务所蒸蒸日上！

谢谢！

（本文为作者在 2008 年 10 月 15 日出席金茂凯德律师事务所负责人就职仪式上的致辞）

律师要善于保护自己

今天是 2011 年 1 月 18 日，这是一个好日子、吉祥的日子，我们全所在此迎新聚会，祝大家新春愉快！

时间过得真快，去年的聚会，好像还在眼前，历历在目，这一年金茂凯德律师事务所变化很大：规模扩大，业务量上升，客户满意度提升，影响升高，所内各种关系理得更顺。

这一切变化不易，我认为可归纳为三点：第一，发展速度很快；第二，发展势头很猛；第三，发展的状态很稳。

这一切来之不易，首先是我们处在一个好时代，一个生机盎然的时代；其次是各级领导的关心和照顾；最后是各位同仁努力拼搏。另外，这更是所内两位领军人——李律师、谢律师，抓住机遇、精心策划、以身作则、勤奋工作的结果。我们一定要珍惜它、爱惜它、发展它。

一年过去了，新的一年来了，2011 年是"十二五"开局之年、起步之年，它一定会提供很多新的机遇，法治建设大力推行，经济方式大力转型对大家十分有利，这个机遇是前所未有的，但也对我们提出新的要求。

最近召开全国律师工作会议，中央有一些批示、通知、讲话等，对我们提出更高要求，要成为"中国特色社会主义法律工作者"；上海政法工作会议也提出律师要成为"第三方力量"；我感到这些政治定位，比《中华人民共和国律师法》要求更高、更明确，对我们是一种鞭策。这个压力，也是前所未有的。

律师成为一个有中国特色社会主义法律工作者，我认为从大的方面而言，是依法治国方略的重要内容；从小的方面或从个人而言，也是律师善于保护自己的重要方向。

律师职业很风光，但也有风险，如何避免风险，就要使自己成为一个社会主义法律工作者，其他歪门邪道都会出问题，这种例子很多，都是前车之鉴。

当然律师要善于保护自己的内容很多，上面是从政治上来讲，还有从个人身体来言，也要注意，大家很忙，要注意休息，适当锻炼。

我比各位同仁虚长几岁，有一代、二代，今天以父兄来讲共勉之。

阳历年已过去，农历年即来，今年是兔年，祝大家万事顺利，事业发达！

（本文为作者在 2011 年金茂凯德律师事务所新春年会上的讲话）

律师三十　不断奋发

与我同样属羊的李志强律师 2020 年 12 月将迎来从业 30 年，从一位初出茅庐的法学青年发展到上海开埠 177 年首位问鼎国际主要律师组织会长的本土俊杰，我由衷点赞！

1986 年仲夏，志强到我寒舍，我们首次相识。当时，他在我夫人任教的复兴中学就读。他向我讨教高考志愿投向何方，我讲了一句"学法律是很有劲的"。志强义无反顾地投身法门，一路走来，意气风发，至今仍然保留了当时的少年气势！

30 多年来，我们从相识结缘到相知相信，彼此关爱，直击心灵。彼此之间难免有代沟，但只要互相诚心诚意，代沟必定消亡，交流无阻。

志强从业的这 30 年，真的不容易，他心无旁骛，风雨兼程。为了人生理想，为了钟爱的事业，他可以吃苦，也可以受折磨。这些苦难和折磨，却越发使他觉得自己的工作可贵、可爱、可以寄托，是他人生最大的幸福，国家和社会都可在某些方面受益。习近平总书记最近说过，每个人出一份力，就能汇聚成排山倒海的磅礴力量。每个人做成一件事、干好一件工作，党和国家事业就能向前推进一步。

他的自传体著作有四:《律师的舞台》(1999)、《走进律师之门》(2009)、《律师的多种人生》(2015)和手头这本近作。志强律师的笔尖流淌着对法律的执着、对律师事业的酷爱和对人生的思考。上述著作各自反映了各个时期的特点,尤其是近作体现了习近平新时代律师的新风态。它集中表述为善于研究、目光敏锐、勇于创新、敬业勤奋、谦和务实、爱党护国、法治达人。

志强在不惑之年曾问我:"人生已到中年,创业是否太晚?"我说:"40岁,人生才开始。"

今天他即将步入从业30年的殿堂,我要说:"三十而已,人生才开始。"

我与志强是师生、是同事,更是忘年交。我看着他从"崎岖小路上"一步步走来,光环一顶顶戴上。"雄关漫道真如铁,而今迈步从头越",30年是过去的终点,又是新征程的起点。律师是一项高难度工作。据一些有识之士的解读,一位优秀律师可参考下列"六大度":胸怀有大度、政治有敏感度、视野有宽度、学习无限度、讲话有适度、工作有力度。愿志强君更虚己、念高危、惧满盈,在新时代波澜壮阔的伟业中继续前行。

祝志强君及其事业明天更璀璨!

匆匆为序,以作共勉。

(本文为《三十而已——李志强执行手记之四》序言,中国金融出版社,2020年10月)

律师人生　丰富多彩

从 2014 年 12 月 1 日开始，志强君步入执业的第 25 个年头，25 年在历史上如白驹过隙，但在一个人的职业生涯中却占了很大的比重。在 25 年前，志强君有志学法律专业时，我们已经相识。在如此漫长的岁月中，我们互相信任，彼此了解，相互切磋，共同发展。可以说，我们是师生，又是朋友，又是同事，更是忘年交。我看着他从苦读学习，到初展才华，再到攀登高峰；看着他办理一件件案子、撰写一篇篇论文、进行一次次讲话表达、被授予一项项荣誉，从他初登舞台（《律师的舞台——李志强执业手记》），到走进律师之门（《走进律师之门——李志强执业手记之二》），再到目前的《律师的多种人生——李志强执业手记之三》，可以说，志强君的执业生涯见证了我国法治事业的日益壮大，呈现了律师事业的波澜壮阔，更显示了他本人执业日益成熟，声誉日益提升。

执业手记之三给我感悟最深的是，志强君对律师的内涵和外延有了新的思考、新的定位。

本书突出反映了志强君办案专业方向的独特之处，他与时俱进，关注金融法律服务，承办企业投资融资并购、银团贷款、跨国法律业务和争端解决等法律事务。其中，有不少案例是全国或上海首例，读之感悟颇深。

本书明显突出志强君的爱国之心，他充分发挥律师的社会政治作用，参政议政，自主建言，数量颇多，质量颇佳。他坦诚相见，是"提案大户"，并且有不少建言献策已被各方采纳。

本书也明显展示了他为"民间大使"的尽力之处。他流利的英语谈吐、坚实娴熟的法律功底、谦和务实的态度，在许多国际场合给人留下深刻印象。他担任了国际最大的律师组织——国际律师协会的理事，在不同场合不遗余力地介绍中国法治的近态、日益完善的法治环境，促进并丰富了中国和世界各国的交往和互动。

志强君充满魅力，乃成功人士。我认为主要有三点：

第一，珍时惜阴是他成功的基础。

谁都知道："一寸光阴一寸金，寸金难买寸光阴。"但真正能够做到的却不多。据我所知，他抓住现实的一分一秒，每天清晨即起，立即赶往事务所，妥善处理有关工作。他一天的三段时间：上午、下午、晚上，都排得满满的。最主要的是思考和学习；思考有关不解的谜团，学习有关各方面知识，学则明，学识像一把钥匙，开启疑团的大门。这正是他睿智、高效、敬业的坚实基础。时间给勤勉的人，留下智慧和力量。

第二，毅力拼搏是他成功的根本。

顽强的毅力，可以征服世界上任何一座高峰，正如他自己在谈到青年律师成才时所说：不错过机遇，不放过机会，不闪失机缘；努力、勤奋、坚持直到成功。20世纪90年代初，他成为中国证券法律实务市场的首批证券律师，他参与了大众B股配股案等，近几年来，他服务企业的融资金额高达 3000 亿元。他的从业经历表明，只有不断接触新事务、不断挑战自己，才能成为一名永不落伍的杰出律师。这充分表明了：锲而舍之，朽木不折；锲而不舍，金石可镂。追求卓越，必有意志拼搏方能成效，而且努力拼搏，又会使他天地更宽、更广。

第三，理想人生是他成功的目标。

人无理想，难行寸步；有了理想，就等于有了灵魂。一个年轻人，特别是受过高等教育的年轻人，走上工作岗位时，应该抓住一件足以安身立命的工作。这件工作是他的事业，也是生活的重心。为此，他可以耐寒、忍饥，可以吃苦，可以受折磨。而这些受苦折磨，却越发使他觉得自己工作的可贵、可爱，可以寄托，是他一生最大的幸福，国家和社会都因此而享受他的利益。志强君在 23 岁，已办理了一桩在全国金融界、法律界颇有影响的银行存款额纠纷案；26 岁荣获上海五名"律师涉外服务标兵"之一；29 岁当选首届上海十佳青年律师等；之后，更是崭露头角，脱颖而出。志强君对律师服务有一种纯粹的热爱，心无旁骛，而且知之愈深，爱之弥坚。"三十而立"，他就在那时之前，已立下了宏伟的志向，树立了人生理想，要达到下一个事业的巅峰，为法治而献身。

《律师的多种人生——李志强执业手记之三》，以创新思维、丰富案例、生动笔调精辟论述了律师的新定位。他们主要以法律服务为主业，但对其内涵和外延有了新的思考。这应是全面加强法治建设的重要一环，又会使波澜壮阔的律师事业更加大步前行，有利于实现法治中国。

泰山之上还有天，沧海之下尚有地。愿我君更虚己、念高危、惧满盈。

　　生有涯，知无涯。以断想代序，求正诸位。

　　（本文为《律师的多种人生——李志强执业手记之三》序言，中国金融出版社，2015 年 1 月）

从"舞台"到"进门"

志强律师在 10 年前出版《律师的舞台——李志强执业手记》，10 年后又将出版《走进律师之门——李志强执业手记之二》。这是为了总结过去，见证现在，更是为了开启将来。从"舞台"到"进门"，呈现了我国法制事业的日益壮大，反映了律师事业波澜壮阔的现状，更显示了志强律师执业的日益成熟，声誉的日益提高。两书相隔 10 年，后书更体现了分类组合紧凑、学理研讨占先、体例结构严谨的特点。志强律师在"舞台"上已初露才华，"进门"后更成律界中坚。

欲进律师之门，甚难，犹如上青天。首先要经过艰辛而系统的法学教育，继而通过录取率极低的司法考试，还要实习一年方能拿到律师执照。但这仅仅是亮相，还没进门。要想"进门"，起码要符合《中华人民共和国律师法》的规定，具备良好的律师素质，即政治素质、业务素质、心理素质、作风素质等。

志强律师长期以来精心专攻非讼事务，金融、证券、上市、并购、重组、仲裁、房地产等，都是独当一面，驾轻就熟。本书分为业界发展、金融证券、重组并购、房地产及涉外、争端解决、执业感悟六大篇，见解独特、说理严密、论述充分，充分表现出作者坚实的理论功底和务实的学术品格。

文如其人，综览全书，我认为该书体现出作者的四大特点。

一是善于研究。有人将律师细分为"工匠型""设计家型""技术型""顾问型"等。志强律师融会贯通，博采各型之长，融合构成研究型律师。每一条法条，每一例案例，每一项法理，都了解其然，而且探讨其所以然。做律师，办案子等于做学问，这是一个艰苦的过程，既要努力学习，又要潜心沉思，来不得半点马虎，没有捷径可走。梁启超先生认为，将世界纷繁复杂的东西，作为学问的资料进行梳理分类，归纳整理，这就是研究能力。有了这种能力，"思想乃起，有思想起，斯有议论，有议有论，斯有学问"。这是作者有所成就的基础。

二是目光敏锐。当前社会竞争多变。对时代变革、学术更替、法规修订、制度发展等，都要有敏锐感觉，特别是非讼法律服务领域更需如此，否则就要至少慢一拍。如1993年，国家为了适应证券业发展的需要，开始设立证券律师。作者敏锐地意识到这是一个新的契机，最终成为首批18位证券律师之一，而且是最年轻的一位。其后，证券市场的迅速发展、证券交易制度的重大变革，为他在证券律师服务市场发挥聪明才智提供了重要舞台。这是作者有所成就的要件。

三是勇于创新。撰文著作是将法律服务变成文字，思想一旦变成文字表达，学问便成了学术成果。作者有不少创新性学术成果，成为促使法制进步的精神食粮。如1993年，大众B股成为当时23只B股中唯一成功配售的股票，作者参与其中的法律服务，成就了国内第一只B股配股案例；又如1997年，上海汽车股份有限公司向社会公开发行人民币普通股（A股），作者任承销团的中国法律顾问；作者还曾承担德国蒂森克虏伯镀锌钢铁有限公司项目融资的银团法律顾问等。这些都开创了各项法律服务的先河，有了创新性，众多的"全国第一""上海第一"案例才有可能出现。这是作者有所成就的因素。

四是敬业勤奋。敬业是一切有作为的基点。只要客户有求，作者不管是时已深夜，刚刚回家，是连续出差，满身疲惫，还是新婚燕尔，刚度蜜月，都二话不说，立即出发，如期赴约。作者经常一天分三段办事，每一段时间又办几件事，轻重缓急，主次分明，工作效率极高，速度甚快，效果明显。这是作者有所成就的动力。

由此，我深深地感悟：律师之"才"，是个人魅力和专业能力乃至气度修养，这是"名"的基础；而"名"是得市场认可并因此具备的声誉。"才"和"名"又往往是"关系"的基础，有了"才"和"名"，经过一定努力，才有良好关系，这些关系和资源慢慢都成为作者固定的客户。

我与志强是师生、是同事，也是忘年交。我看着他从"崎岖小路上"一步步走来，光环一顶顶戴上。"雄关漫道真如铁，而今迈步从头越"，二十年是过去的终点，又是新征程的起点。我衷心希望志强在今后的岁月中能更好磨炼，在人际关系中能更好协调，随着波澜壮阔的中国律师事业的发展，大踏步前进。

匆匆为序，以作共勉。

（本文为《走进律师之门——李志强执业手记之二》序言，东方出版中心，2009年7月）

金融治理篇

万福送万家　共圆中国梦

各位尊敬的领导、中外贵宾、亲爱的朋友们：

今天下午金茂凯德律师事务所举办了三个法律研究中心的聘任仪式和颁奖仪式，让我在这里讲几句话，我感到万分荣幸。我讲话中有不当的地方，请各位指正。

今天下午的活动，都是围绕着金融。为什么呢？我认为这是由金融的特性决定的。金融至少有三个特性：一是极端的重要性；二是广泛的关联性；三是不断的开拓性。

从重要性来看，金融是现代经济的核心。从大的方面来讲，一个国家和一个地区都离不开金融的支持。从小的方面来讲，平民百姓的衣食住行都离不开金融。随着金融的发展，其体系将会很庞大、规范，也会很健全，功能也将越来越重要。金融至少有着融资、调解、避险、信号等功能。

金融除重要性外，还有着广泛的关联性。因为金融是现代经济的基础，所以它与各个领域都有关联。各个领域，如政治、经济、科技、文教、卫生，大到行业、企业，小到一个组织、一个项目，都离不开金融。

金融是无处不在、无所不能的，现在是金融的世界、金融的社会。拿金融和法律的关系来举例，金融和法律的关系是互相联系、互相依存的。从法律的事务来讲，它已经形成了一个单独的、完全的金融法部门。从法律的学科来讲，它已经形成了一门单独的、完整的金融法学。从法律学科来讲，金融法学是第三级学科。正因为如此，金融和法律有着广泛、紧密的联系。随着金融的发展，金融之间的矛盾、纠纷日益增多，需要律师和律师事务所的介入来化解矛盾、解决纠纷，保障交易的安全有序。今天的获奖者就是因为在这个方面作出了成就。希望律师事务所的律师们要好好地学习金融法，而且要开拓高端金融法律服务。

再谈谈金融的不断创新。金融本身就是商品经济发展的产物。在 20 世纪 60 年代，金融创新随着商品经济的发展而形成，70 年代迅速发展，80 年代已经形成了世界的金融创新体系和高潮。

正因为如此，金茂凯德律师事务所承办今天这样的活动，目的是让大家从金融方面加强研究、加强学习。三个法律研究中心还只是对金融法律服务的尝试、试点，有很多不健全、不完善的地方。未来其发展任重而道远，希望各位互相帮助、共同努力，使得它日益完善、不断前进。在这辞旧迎新的氛围中，我愿万福送万家，共圆中国梦！谢谢！

（本文为作者在 2016 年外滩金融创新试验区法律研究中心迎新研讨会上的讲话，收录于《外滩金融创新试验区法律研究》，中国金融出版社，2016 年 5 月）

持续推进外滩金融创新试验区
法律研究

今天黄浦江畔高朋满座，蓬荜生辉。上海国际金融中心建设与法治保障国际研讨会隆重举行，《外滩金融创新试验区法律研究（2020年版）》举行首发式，我谨向所有支持上海国际金融中心法治建设和外滩金融创新试验区法律研究工作的专家学者、中外企业家、金融专家和律师表示衷心的感谢！

外滩金融创新试验区法律研究中心（以下简称中心）成立于2013年11月11日举办的外滩金融法律论坛2013年年会上，时任黄浦区"四套班子"正职领导见证。在社会各界特别是黄浦区人民政府的大力支持下，中心为社会贡献了一批金融法治实务研究成果，还"走出去"参与中外金融法治研究。2019年12月，黄浦区人民政府区长巢克俭博士在阿根廷见证了中拉金融法治研究中心的成立。

7年来，中心向国家最高立法机关建言《中华人民共和国证券法》修法建议获得采纳，向全国政协提出的10多篇社情民意建言获得录用，自2016年起每年出版《外滩金融创新试验区法律研究》专著，会同上海上市公司协会、上海股权投资协会和上海国际服务贸易行业协会等举办中国企业海外投融资法律研究系列研讨会，线上与线下活动相结合，受众达上万人。中心每年组织评选金融市场经典案例，邀请著名金融专家张宁同志做精彩点评，一批金融市场可复制、可推广的经典案例得到传播，助力实体经济不断发展。

今天借此机会，我还要向长期坚持这项有意义工作的我的忘年交、环太平洋律师协会会长李志强律师表示感谢，作为上海开埠177年来首位担任国际主要律师组织会长的本土律师，李志强律师以满腔热情投入法治研究与服务，精神可嘉，难能可贵。

（本文为作者在《外滩金融创新试验区法律研究（2020年版）》首发式上的讲话，收录于《外滩金融创新试验区法律研究（2021年版）》，中国金融出版社，2021年5月）

相约崂山扩宽外滩金融创新试验区法律视角

2020 年，在这百年未遇的特殊年份即将收官之时，相会崂山金融法治研讨会暨金茂凯德（青岛）律师事务所成立仪式今天隆重举行，我表示热烈祝贺！

20 年前，我的忘年交、现环太平洋律师协会会长李志强律师与青岛律政大咖辛瑞芳主任开启沪青律师联盟合作之门，时任上海市人民政府参事室主任的我受邀参加在海仑酒店举行的联盟成立典礼，见证了沪青法律合作之盛事。今天，从联盟到加盟，从两家成一家，联盟合作结出丰硕成果，全国优秀律师事务所将入驻人杰地灵的胶东半岛——青岛。作为一名从事法学教学、科研、司法、执法、法治宣传和法律服务将近 70 载的老法律人，我感到由衷的高兴。

上海国际金融中心建设与法治保障国际研讨会隆重举行，《外滩金融创新试验区法律研究（2020 年版）》举行首发式，我谨向所有支持上海国际金融中心法治建设和外滩金融创新试验区法律研究工作的专家学者和中外企业家、金融专家及律师表示衷心的感谢！

外滩金融创新试验区法律研究中心（以下简称研究中心）成立

于 2013 年 11 月 11 日举办的外滩金融法律论坛 2013 年年会上，时任黄浦区"四套班子"正职领导见证。在社会各界特别是黄浦区人民政府的大力支持下，研究中心为社会贡献了一批金融法治实务研究成果，还"走出去"参与中外金融法治研究。2019 年 12 月，黄浦区人民政府区长巢克俭博士在阿根廷见证了中拉金融法治研究中心的成立。

7 年来，研究中心向国家最高立法机关建言《中华人民共和国证券法》修法建议获得采纳，向全国政协提出的 10 多篇社情民意建言获得录用，自 2016 年起每年出版《外滩金融创新试验区法律研究》专著，会同上海上市公司协会、上海股权投资协会和上海国际服务贸易行业协会等举办中国企业海外投融资法律研究系列研讨会，通过线上线下活动，受众达上万人。研究中心每年组织评选金融市场经典案例，邀请著名金融专家张宁同志做精彩点评，一批金融市场可复制、可推广的经典案例得到传播，助力实体经济不断发展。

今天借此机会，我还要向长期坚持这项有意义工作的我的忘年交、环太平洋律师协会会长李志强律师表示感谢。作为上海开埠 177 年来首位担任国际主要律师组织会长的本土律师，李志强律师以满腔热情投入法治研究与服务，精神可嘉。

（本文为作者在 2020 年 12 月 19 日首届相约崂山金融法治研讨会上的讲话，收录于《外滩金融创新试验区法律研究（2021 年版）》，中国金融出版社，2021 年 5 月）

相约崂山　持续研究

2021 年 6 月 19 日，我们相约在风景如画的崂山，再次举办金融法治论坛，作为一名从事法学教学、科研、立法、司法、执法和法治宣传及法律服务已达 60 多年的"90 后"老法律人，我表示热烈祝贺！

首先，我要向全国人大宪法和法律委员会主任委员李飞先生表示崇高的敬意！

向专程莅临论坛指导的著名金融专家张宁同志表达诚挚的感谢！

向在周末参与指导、交流的各位领导、专家和同仁表示深深的祝福！

今天论坛举办《外滩金融创新试验区法律研究（2021 年版）》首发式，并向外滩金融创新试验区法律研究中心青岛分中心新聘任的研究员颁发聘书，可谓成果丰硕，人才济济！祝愿在青岛市司法局、金家岭金融聚集区管委会和崂山区等各方面关心支持下，外滩金融的黄金品牌将在祖国更多的宝地开花结果。

其次，我还要向长期坚持这项有意义工作的我的忘年交、环太平洋律师协会会长李志强先生表示感谢！作为上海开埠 178 年来首位担任国际主要律师组织领导人的中国律师，李志强律师以满腔热情投入法治研究与服务，投身国际法治文明交流互鉴的伟大事业，在当今风云变幻的国际舞台发出满满正能量的中国法治和律师之声，成绩斐然，难能可贵！

最后，祝各位领导和专家朋友身体健康！事业兴旺！阖家幸福！

谢谢大家！

（本文为作者在 2021 年 6 月 19 日第二届相约崂山金融法治研讨会上的讲话）

"一带一路"篇

"一带一路"法律研究与服务大有可为

尊敬的领导、各位嘉宾、各位同仁：

下午好！今天是金茂凯德律师事务所成立"一带一路"法律研究和服务中心的日子。金茂凯德律师事务所能在不到两年的时间里成立了四个研究所，真是眼光深远，及时地配合了形势，有力地抓住了重点。"一带一路"我们都很熟悉，这是习近平主席在 2013年访问哈萨克斯坦和印度尼西亚提出的重大倡议。这个倡议将引领中国未来 30 年的转型，也是对世界和平治理新模式的探索。"一带一路"是一项系统工程，涉及社会的各个方面、各个领域，其中法律占据重要地位，"一带一路"中间的法律问题探讨是重要的议题。

对于这个议题，从宏观上来看，一方面是国内法律的适应和发展，另一方面是沿途有关国家和地区的法律制度的了解和运用。今天我主要谈谈第二个问题，不对的地方请大家指正。"一带一路"沿途很辽阔，覆盖了亚洲、欧洲、非洲众多国家和地区。据统计，沿途国家达 60 多个，而这些沿途国家的经济发展水平差别很大，地缘政治十分复杂，有的国家国内的不安定因素也很多。然而我们对这些国家的法律制度了解十分有限。了解这些国家的法律制度有利于推进"一带一路"这一伟大倡议。虽然国际上有解决国家和他国公民投资争议的公约，这个公约能够解决有关纠纷，但是我认为这是远远不够的。我们需要大概地去了解"一带一路"沿途国家和地区的法律制度，这对推进"一带一路"建设大有裨益。就这个问题我想提出以下三个观点供大家参考。

第一，法律和法系的问题。法系最早是西方学者研究法律的方法，它把世界上众多的法律分为不同的法系。每一个法系都有其代表国家，它们有共同的传统、共同的体系、共同的特点，而且相互之间都有传承的关系。然而西方国家对法系概念的理解很复杂，也很混乱。一般来讲，法系是法律的传统、法律的体系，即所谓的legal family、legal system，这种体系有其共同的特点。如果能够对沿途的60多个国家从法系上了解它们的特点，有利于"一带一路"倡议的推进。

世界上通用的法系划分有繁有简，有多有少，一般有四大法系，即普通法系、大陆法系、社会主义法系和伊斯兰法系。对于前面两个法系我们比较熟悉。普通法系以英国、美国等国为代表。大陆法系以法国、德国等国为代表。社会主义法系以中国为代表，我们生活在其中了解很多。伊斯兰法系后面我们再详细谈。如果能够把法系概念运用到"一带一路"中的法律制度研究，一定会对研究产生促进作用。我认为我们至少能从框架上去了解，但是要做到这一点也是不容易的。很多国家到底属于什么法系我们还不了解，我提出这个问题仅供大家讨论和思考。

第二，中东国家和伊斯兰法系的问题。中东国家在"一带一路"

沿线占据重要地位。这些国家大多数信奉伊斯兰教,实行伊斯兰法,所以其法系属于伊斯兰法系。我们对伊斯兰法了解很少,感到伊斯兰法非常古老和神秘。史料考证,伊斯兰法最早是于公元7世纪在阿拉伯半岛产生,后来传到亚洲、非洲很多国家,再后来一些信仰伊斯兰教的国家其法系属于伊斯兰法系,所以被称为世界四大法系之一。伊斯兰法的特点是宗教性,是以伊斯兰教及《古兰经》为依据,以《古兰经》作为宗教信仰的最高准则,作为人们一切行为的准则,也作为伊斯兰法的立法依据,因此,该法系具有很强的宗教性。但我们对伊斯兰法了解得非常少,特别是对外商务方面的法律。

第三,法律的"移植"和本土化问题。对于移植,我们知道是一个植物学上的概念,后来法律也用到这个概念,即一个国家和地区引进另一个国家和地区的法律理念,甚至具体的条款。法律"移植"有两种情况:一种是本土国自动的"移植",即引进外来法律制度;另一种是随着外强武力的侵入而带入外来法律。"一带一路"国家中有很多国家"移植"过西方国家的法律。以埃及为例,埃及是"一带一路"中重要的国家。埃及是四大文明古国之一,历史上它有两次重大法律"移植"。第一次是在7世纪,奥斯曼帝国把伊斯兰教和伊斯兰法带到埃及,同化了埃及本地法律,埃及就成为严格地适用伊斯兰法的国家。第二次是在拿破仑远征埃及时,法国的文明、法国的法律被带到埃及,埃及从此以后受到大陆法系的影响。埃及在19世纪以《拿破仑法典》为蓝本起草了民事、刑事等法律,从此大陆法系的文明、法国文明在非洲、西亚一带产生重要影响。

"一带一路"的很多国家"移植"了西方的两大法系,这对我国推进"一带一路"倡议是十分有利的,因为我们对普通法系和大陆法系比较熟悉。但是总体上，我们对沿线国家法律的了解仍然有限，特别是对外活动的商务法律，如国际投资、国际银团、国际信贷、海上运输、债权转移等，我们都没有清楚的了解，这也是我们研究"一带一路"的薄弱点。

我们成立"一带一路"法律研究与服务中心，是为了继续加强理论研究和实践探讨，最终目的是为推进"一带一路"倡议作出贡献。

谢谢各位！

（本文为作者在 2016 年 2 月 18 日"一带一路"法律研究与服务中心成立仪式上的讲话，收录于《外滩金融创新试验区法律研究》，中国金融出版社，2016 年 5 月）

《内地企业赴港澳台投融资
法律研究》序言

　　《内地企业赴港澳台投融资法律研究》是"中国企业海外投融资法律研究"系列丛书的开局之作。1997年7月1日和1999年12月20日，中国政府先后对香港和澳门恢复行使主权，开启了"一国两制"和平实现祖国统一的创造性篇章。港澳特区和台湾地区作为我国领土不可分割的组成部分，在内地企业"走出去"进行投融资活动中发挥了不可替代的功能和作用。

　　回想20世纪80年代中期，我借调到新华社香港分社参加《中华人民共和国香港特别行政区基本法》（以下简称《香港基本法》）制定工作。弹指一挥间，香港已回归20年了，香港不仅仍是内地最大的外商直接投资来源地和内地企业最大的境外融资中心，还日益成为人民币国际化和推进"一带一路"倡议的重要战略平台。香港的地域优势与发达的交通网络为企业全球化经营带来了便利；香港还是世界主要金融中心，它作为发达经济体，在通信、管理、科技、服务业等领域，均有其独特的优势所在。这一切均昭示邓小平先生提出"一国两制"科学构想的远见卓识和英明预见。2017

年5月27日，全国人大常委会委员长张德江在纪念《香港基本法》实施20周年座谈会上指出，香港回归以来所取得的巨大成功已经充分证明，《香港基本法》是符合国家和香港实际情况的一部好法律，是能够为"一国两制"伟大事业提供根本保障的一部好法律，是经得起实践检验的一部好法律。我作为一名曾经参与香港回归这一人类和平解决历史遗留问题的前无古人的伟大实践的法学家，深感荣幸和欣慰。

1990年《香港基本法》通过当年，我的研究生、忘年之交李志强开始从事律师工作。他虽身在律界，但心系学界，长期注重前沿课题研究，2012年党的十八大闭幕当天获评一级律师。自习近平主席提出"一带一路"倡议以来，金茂凯德律师事务所开启了"一带一路"法律研究与服务中心，在我国港澳台地区和五大洲等数十个国家和地区设立站点，李志强充分发挥他的特长和优势，广交海内外朋友，利用各种渠道和网络，传播中国法律制度和法律文化的正能量，并积极研究我国港澳台地区和各国法律。加强对我国港澳台地区投融资法律的研究，将有助于中国企业更好、更稳、更快地实践"一带一路"伟大倡议，也是法律界参与"一带一路"倡议和构建人类命运共同体的伟大实践。

作为一名从事法学教学科研、立法执法、法治宣传、法律服务和参政议政等工作已达60多年的法律人，我祝愿更多的法律人投身国家依法治国的伟大事业，投身"一带一路"倡议的伟大事业，在中华民族伟大复兴的中国梦征程中实现自身的人生梦。

（本文收录于《内地企业赴港澳台投融资法律研究》，中国金融出版社，2017年7月）

《中国企业赴日本、马来西亚 投融资法律研究》序言

《中国企业赴日本、马来西亚投融资法律研究》是继"中国企业海外投融资法律研究"系列丛书开篇之作《内地企业赴港澳台投融资法律研究》后的第二部著作。本书聚焦日本和马来西亚投融资法律研究和实务操作,为中国企业赴日本和马来西亚进行投融资活动提供重要参考和法律指南。

日本是中国一衣带水的友好邻邦,2017 年是中日邦交正常化45 周年,中日经济合作前景广阔。马来西亚是"一带一路"沿线国家之一,2013 年 10 月,习近平主席对马来西亚进行了成功的国事访问,中马两国关系提升为全面战略伙伴关系,2017 年中马双边贸易额有望达到 1600 亿美元。中国企业赴日本和马来西亚投融资方兴未艾,三国同在亚洲,三国法学法律界人士交流合作日益频繁,为三国企业家和金融家提供了优质高效的跨国跨境法律服务。

刚刚闭幕的党的十九大提出了习近平新时代中国特色社会主义思想,丰富和发展了马克思主义中国化最新理论成果。习近平总书记指出,中国坚持对外开放的基本国策,坚持打开国门搞建设,积

极促进"一带一路"倡议，努力实现政策沟通、设施联通、贸易畅通、资金融通、民心相通，打造国际合作新平台，增添共同发展新动力，中国开放的大门不会关闭，只会越开越大。要以"一带一路"倡议为重点，坚持"引进来"和"走出去"并重，遵循共商共建共享原则，加强创新能力开放合作，形成陆海内外联动、东西双向互济的开放格局。这些重要论断为新时代中国企业"走出去"参与国际投融资活动指明了路径和方向。

1990年夏，我的研究生、忘年交李志强开始从事律师工作，虽身在律界，但心系学界，长期跟进前沿课题研究，2012年获评一级律师，2018年3月起担任环太平洋律师协会副会长。自习近平主席提出"一带一路"倡议以来，金茂凯德律师事务所设立了"一带一路"法律研究与服务中心，在我国港澳台地区和五大洲等数十个国家和地区设立站点，志强充分发挥他的特长和优势，广交海内外朋友，利用各种渠道传播中国法律制度和法律文化的正能量，并积极研究我国港澳台地区和各国法律。加强对中国企业海外投融资相关法律的研究和实践，将有助于中国企业更好、更稳、更快地实践"一带一路"伟大倡议，也是法律界参与"一带一路"倡议和构建人类命运共同体的伟大实践。

作为一名从事法学教学科研、立法执法、法治宣传、法律服务和参政议政等工作已达60多年的老法律人，我祝愿更多的法律人投身国家依法治国的伟大事业，投身"一带一路"倡议的伟大事业，在中华民族伟大复兴的中国梦征程中实现自身的人生梦。

（本文收录于《中国企业赴日本、马来西亚投融资法律研究》，中国金融出版社，2018年3月）

《中国企业赴菲律宾、越南和韩国投融资法律研究》序言

　　《中国企业赴菲律宾、越南和韩国投融资法律研究》是"中国企业海外投融资法律研究"系列丛书第三部著作。本书汇集了中国企业赴菲律宾、越南和韩国投融资的法律研究和实务操作，为中国企业赴菲律宾、越南和韩国进行投融资活动提供了重要的法律参考和法律指南。

　　菲律宾是东盟重要成员国之一，中国同菲律宾于 1975 年 6 月 9 日建交，中菲传统友谊绵延流长。越南于 1950 年 1 月 18 日与中国建交。韩国是东亚主要国家，中韩两国于 1992 年 8 月 24 日建交，两国经济交往活跃。中国企业赴菲律宾、越南和韩国投融资潜力巨大，中国、菲律宾、越南、韩国四国同在亚洲，四国法学法律界人士交流合作日益频繁，为四国企业家和金融家提供了优质高效的跨国、跨境法律服务。

　　党的十九大提出了习近平新时代中国特色社会主义思想，丰富和发展了马克思主义中国化最新理论成果。习近平总书记指出，中国坚持对外开放的基本国策，坚持打开国门搞建设，积极促进"一带一路"国际合作。"一带一路"倡议是中国世纪大战略，是新时

代中国开放的主方向。努力实现政策沟通、设施联通、贸易畅通、资金融通、民心相通，打造国际合作新平台，增添共同发展新动力。中国开放的大门不会关闭，只会越开越大。要以"一带一路"倡议为重点，坚持"引进来"和"走出去"并重，遵循共商共建共享原则，加强创新能力开放合作，形成陆海内外联动、东西双向互济的开放格局。这些重要论断为新时代中国企业"走出去"参与国际投融资活动提供了路径和方向。

"一带一路"需要良好的法治环境，它集政治环境、经济环境、文化环境、社会环境、生态环境等之大成。我们一定要关注多边法律框架、双边国际合作规范，关注法律服务和金融服务的关联性，以及争端解决机制研究等，推动中国企业走向世界、世界企业走向中国，这是我们义不容辞的职责。

1990年夏，我的研究生、忘年交李志强开始从事律师工作。作为当年首位到民办律师机构工作的上海高校优秀毕业生，他不忘初心，钟爱事业，在为中外当事人提供优质高效法律服务的同时，长期注重前沿课题研究。2001年李志强当选上海市第八届"十大杰出青年"，成为这一奖项设立以来首位获此殊荣的专职律师。2012年他获评一级律师。2017年10月，李志强受聘担任"上海会议大使"，成为上海110名会议大使中首位法律人，积极推动有影响的国际组织来中国上海举办国际会议。2018年3月。在菲律宾首都马尼拉举行的环太平洋律师协会第28届年会上，李志强当选环太平洋律师协会副会长，成为上海1843年开埠以来首位在国际律师组织中担任领导人的上海律师。李志强律师充分发挥他的特长和优势，广交海内外朋友，利用各种渠道和网络，传播中国法律制度和法律文化的正能量，并积极研究我国港澳台地区和各国法律。

自习近平主席提出"一带一路"倡议以来，金茂凯德律师事务所设立了"一带一路"法律研究与服务中心，并于 2015 年 11 月 28 日和 2018 年 2 月 21 日获准注册"金茂凯德"和"Jin Mao Partners"中英文商标，先后发起成立了 G20 律师服务联盟、金砖国家律师服务联盟、上海合作组织律师服务联盟、"金砖+律师"服务联盟和东盟律师服务联盟，在我国港澳台地区和五大洲数十个国家和地区设立站点。加强对中国企业海外投融资相关法律的研究和实践，将有助于中外法律文化交流互鉴，有利于中外法律人士沟通合作，有益于中国企业更好、更稳、更快地融入"一带一路"倡议伟业，也是法律界参与"一带一路"倡议和构建人类命运共同体的伟大实践。

近代以来，久经磨难的中华民族迎来了实现中华民族伟大复兴的光明前景，将建成富强、民主、文明、和谐、美丽的社会主义现代化强国。作为一名从事法学教学科研、立法执法、法治宣传、法律服务和参政议政等工作已达 60 多年的老法律人，我衷心祝愿更多的法律人士投身国家依法治国的宏伟事业，投身"一带一路"倡议的伟大事业，在中华民族伟大复兴的中国梦征程中实现自身的人生梦。

（本文收录于《中国企业赴菲律宾、越南和韩国投融资法律研究》，中国金融出版社，2018 年 9 月）

《中国企业海外投融资法律研究》 序言

　　《中国企业海外投融资法律研究》是"中国企业海外投融资法律研究"系列丛书第四部著作。本书聚集赴英国、意大利、比利时、荷兰、卢森堡、新西兰、印度、阿根廷和墨西哥投融资法律研究和实务操作，为中国企业赴上述九国进行投融资活动提供了重要的法律参考和法律指南。

　　英国是西方大国，也是亚洲基础设施投资银行的重要投资参与国，中英两国正在构建面向 21 世纪的全球全面战略伙伴关系，虽然两国"地处亚欧两端，却长期彼此吸引"。伦敦作为英国首都，是国际金融中心城市，2018 年底，沪伦通即将起航，伦敦成为最具活力和最重要的人民币交易中心和离岸人民币市场之一。

　　古丝绸之路始于中国长安，终于意大利罗马。两千多年后的今天，"一带一路"倡议使这条古丝绸之路再次焕发勃勃生机。作为"一带一路"的交汇点，中企投资马可波罗的故乡方兴未艾。

　　中国和比利时于 1971 年建交，比利时是最早同中国建立产业合作基金的国家。2007 年两国又签署中比直接股权投资基金谅解备忘录。中比两国科技混委会自 1979 年成立以来已召开 18 次会议，签订了涉及农业、能源、地质、环保、生物、信息、纳米科技等领域近 400 个政府间科技合作项目。

中国和荷兰互联互通关系紧密。荷兰是中国在欧盟第三大贸易伙伴、第一大投资目的地国和第三大外资来源国。荷兰地理位置优越，物流业发达，转口贸易是荷兰对外贸易的主要支点，中国大量出口需要通过荷兰转运至世界其他国家和地区。

卢森堡金融地位特殊，传统优势显著。2018 年 9 月 28 日，中国建设银行在卢森堡证券交易所发行首笔境外绿色债券，两国金融领域合作广泛。

中国和新西兰于 1972 年建交，1997 年 8 月，新西兰在西方国家中率先与中国就中国加入世界贸易组织双边市场准入问题达成协议，并于 2004 年 4 月正式承认中国完全市场经济地位。2008 年 4 月，中新两国签署自由贸易协定，新西兰成为第一个与中国达成双边自由贸易协定的发达国家。2017 年 4 月，双方举行中新自贸协定首轮升级谈判，新西兰成为首个同中国举行自贸协定升级谈判的西方发达国家。2017 年 3 月，中新签署关于加强"一带一路"倡议合作的安排备忘录，新西兰又成为首个与中国签署类似合作文件的西方发达国家。中国是新西兰第一大货物贸易伙伴、出口市场和进口来源地。

中国和印度于 1950 年建交，两国是和平共处五项原则这一当代国家法原则的主要提出国。双方在上海合作组织、金砖国家领导人合作机制等多边合作平台开展互利合作。总部位于中国上海的金砖国家新开发银行的首位行长由印度籍人士担任。

中国和阿根廷于 1972 年建交。2017 年 5 月，阿根廷总统马克里来中国出席首届"一带一路"国际合作高峰论坛，两国建立了全面战略伙伴关系，中国是阿根廷第三大全球贸易伙伴。

中国与墨西哥于 1972 年建交，中国是墨西哥第二大贸易伙伴，墨西哥是中国在拉丁美洲的第二大贸易伙伴。

中国企业赴上述九国投融资潜力巨大，中国与上述九国法学法律界人士交流合作日益频繁，为我国企业家和金融家提供了优质高效的跨国跨境法律研究与服务。

党的十九大提出了习近平新时代中国特色社会主义思想，丰富和发展了马克思主义中国化最新理论成果。习近平总书记指出，中国坚持对外开放的基本国策，坚持打开国门搞建设，积极促进"一带一路"国际合作。"一带一路"倡议是中国世纪大战略，是新时代中国开放的主方向。努力实现政策沟通、设施联通、贸易畅通、资金融通、民心相通，打造国际合作新平台，增添共同发展新动力。中国开放的大门不会关闭，只会越开越大。要以"一带一路"倡议为重点，坚持"引进来"和"走出去"并重，遵循共商、共建、共享原则，加强创新能力开放合作，形成陆海内外联动、东西双向互济的开放格局。这些重要论断为新时代中国企业"走出去"参与国际投融资活动提供了路径和方向。

"一带一路"倡议需要良好的法治环境，它集政治环境、经济环境、文化环境、社会环境、生态环境等之大成。我们一定要关注多边法律框架、双边国际合作规范，关注法律服务和金融服务的关联性，以及争端解决机制研究等，推动中国企业走向世界，世界企业走向中国，这是我们义不容辞的职责。

1990 年夏，我的研究生、忘年交李志强开始从事律师工作，作为当年首位到民办律师机构工作的上海高校优秀毕业生，他不忘初心，钟爱事业，在为中外当事人提供优质高效法律服务的同时，长期注重前沿课题研究，2001 年李志强当选上海市第八届"十大杰出青年"，成为这一奖项设立以来首位获此殊荣的专职律师。2012 年他获评一级律师。2017 年 10 月李志强受聘担任"上海会议大使"，成为上海 110 名会议大使中首位法律人，积极推动有影响的国际组织来华、来沪举办国际会议。2018 年 3 月在菲律宾首都马尼拉举行的环太平洋律师协会第 28 届年会上李志强当选环太平洋律师协会副会长，成为上海自 1843 年开埠以来首位在国际律师组织中担任领导人的上海律师。李志强律师充分发挥他的特长和优势，广结海内外朋友，数十次在国际多边法律论坛就"一带一路"倡议的法治内涵和中国改革开放 40 年来法治文明的巨大成就发表演讲，传播中国法律制度和法律文化的正能量，并积极研究我国港澳台地区和各国法律，为中企海外投融资活动提供法治保障。

自习近平主席提出"一带一路"倡议以来，金茂凯德律师事务所开启了"一带一路"法律研究与服务中心，并先后于 2015 年 11 月 28 日和 2018 年 2 月 21 日获准注册"金茂凯德"和"Jin Mao Partners"中英文商标，先后发起成立了 G20 律师服务联盟、金砖国家律师服务联盟、上海合作组织律师服务联盟、"金砖＋律师"服务联盟和东盟律师服务联盟，在我国港澳台地区和五大洲等数十个国家和地区设立了 56 个站点。加强对中国企业海外投融资相关法律研究和实践，将有助于中外法律文化交流互鉴，有利于中外法律人沟通合作，有益于中国企业更好、更稳、更快地融入"一带一路"

倡议伟业，也是法律界参与"一带一路"倡议和构建人类命运共同体的伟大实践。

近代以来，久经磨难的中华民族迎来了实现中华民族伟大复兴的光明前景，将建成富强、民主、文明、和谐、美丽的社会主义现代化强国。作为一名从事法学教学科研、立法执法、法治宣传、法律服务和参政议政等工作已达 60 多年的老法律人，我衷心祝愿更多的法律人投身国家依法治国的宏伟事业，投身"一带一路"倡议的伟大事业，在中华民族伟大复兴的中国梦征程中实现自身的人生梦。

（本文收录于《中国企业海外投融资法律研究》，中国金融出版社，2019 年 1 月）

"一带一路" 创新之路与人工智能

各位朋友，你们好！

在从事法律工作的许多年里，我书写了许多故事，我当过故事的主角，也做过陪衬的绿叶。我不得不说，许多事情是自己应该做的，许多事情是被人安排做的。但我最想说的是，这些工作，大多也是我自己乐于做的。一个法律工作者，仅仅从业远远不够，只有敬业、乐业才能成就一番事业。我人生的故事，有的经过归纳、提炼、升华以后，拔高了我的形象，每每听闻这些，我既为自己而高兴，也难免有点惭愧。

其实，如果一定要为我戴一顶帽子的话，我希望加的是这三个字：法学家。我就是一个法学家，而且法学家面前还要加两个字：上海。因为我希望为上海的法律实务和理论的结合实实在在地做一些事。我一直觉得，只有虚心学习、学以致用、与时俱进的法律工作者，才能真正为社会作出贡献。我固然是一名老师，但又何尝不是一名虚心求学的学子呢？陷入自我满足、自我陶醉的人，终究难以获得长足的发展。只有认清自己、认清实际、认清趋势的人，才能真正把握住核心问题、关键问题。我认为，当前就有许多急需探

105

讨的新兴法律课题，"一带一路"框架下的人工智能法律问题就是其一。

2017年5月，国家主席习近平在"一带一路"国际合作高峰论坛开幕式上发表主旨演讲时强调，要将"一带一路"建成创新之路。习近平主席明确指出，创新是推动发展的重要力量。要坚持创新驱动发展，进一步发展在数字经济、人工智能、纳米技术、量子计算机等前沿领域合作，推动大数据、云计算、智慧城市建设，努力构建成21世纪的数字丝绸之路。"一带一路"沿线的建设，不仅是传统商贸往来的关系，还有新兴信息技术的交融，并且，这两者之间必将相互依托，共同发展。

技术在发展，法律也需要进步。

首先，人工智能将会对很多法学的重要原理产生一定影响。我举一个例子，2018年初，在美国亚利桑那州，无人驾驶汽车撞死了人，到现在还没有判决。在法学领域里有一个很重要的原则就是无罪推定，以及谁主张谁举证的原则。那么，无人驾驶汽车如何适用无罪推定呢？对于人工智能是否要采取无罪推定呢？我们都知道，无罪推定在罗马法的时候已经制定了，在国法大全上也都确定。现在这一原则面临颠覆性的情况变化，其中是非曲直，值得我们探究。

其次，人工智能对法律的完备充实提出了更高的要求。我们过去讲的法律，从罗马法开始都是自然人，现在有机械人、机器人了，行为主体就发生了变化，对此是否要制定法律呢？如何调整法律呢？有材料声称，欧盟在2018年底要召开会议，讨论机器人的权利法案。不同主体之间的异同，如何在法律上更好地体现，也需要长期广泛的研究。

再次，人工智能还会对法律工作者的结构产生影响。众所周知，任何一项工作，包括律师工作，都有基础工作、中层工作和顶层工作之分。最基础的工作，如法律、案例、咨询、审查等，这些工作很多地方的事务所都已经可以或者即将可以由人工智能完成了。针对这种越来越大的变化，我们整个法律服务业也需要早做准备。有些中层的工作，比如诉讼胜负的决策，以及诉讼策略的选择，很多地方也已经通过人工智能来做了。另外，就是顶层工作的问题，据说有的地方已经做过试验，机器人跟名律师法庭辩论，和下围棋一样，结果会怎么样呢？还是机器人赢了。所以现在有许多人讲，有了人工智能就不要律师了，为什么？因为一切都能够由人工智能做了。我对此持反对意见，人工智能可以作为我们律师新的工具，而不能代替我们律师。如何活用、善用人工智能技术的同时保护律师的传统竞争优势，又是一个与我们法律从业者自身息息相关的话题。

最后，我还想对金茂凯德律师事务所的创始合伙人李志强先生为建设"一带一路"法律服务事业，尤其是针对"一带一路"中新兴法律问题的探究所作出的贡献表示感谢。正是有许许多多保持谦虚、不懂就学、与时俱进、积极奉献的中国法律人，才使我国的法律服务事业紧紧贴合人民渴求、社会需求、国家要求，真正做到了造福于大众。

祝愿各位朋友和中国的法律服务事业一样，勇攀高峰。

（本文为作者在 2018 年 9 月 17 日"一带一路"法律研究与服务中心中秋国庆茶话会暨《法学宗师李昌道》首映式上的讲话）

《中国企业赴新加坡、瑞士、德国投融资法律研究》序言

　　《中国企业赴新加坡、瑞士、德国投融资法律研究》是"中国企业海外投融资法律研究"系列丛书第五部著作。本书聚焦赴新加坡、瑞士和德国投融资法律研究和实务操作，为中国企业赴上述三国进行投融资活动提供了重要法律参考和法律指南。

　　中国和新加坡于1990年10月建立外交关系。2013年至2017年，中国连续 5 年成为新加坡最大贸易伙伴，新加坡连续 5 年成为中国第一大投资来源国。近年来，两国金融合作发展迅速，中国企业在新加坡投融资活动频繁。

　　中国和瑞士于 1950 年 9 月建立外交关系。2014 年 7 月 1 日，中瑞自贸协定正式生效。瑞士是中国在欧洲的第六大贸易伙伴国，中国是瑞士在亚洲最大贸易伙伴国。

　　中国和德国于 1972 年 10 月建立外交关系。多年来，德国一直是中国在欧洲最大的贸易伙伴国，德国是欧盟对华直接投资最多的国家。

　　中国企业赴上述三国投融资潜力巨大，中国与上述三国法学法

律界人士交流合作日益频繁，为我国企业家和金融家提供了优质高效的跨国、跨境法律研究与服务。

党的十九大提出了习近平新时代中国特色社会主义思想，丰富和发展了马克思主义中国化最新理论成果。习近平总书记指出，中国坚持对外开放的基本国策，坚持打开国门搞建设，积极促进"一带一路"国际合作。"一带一路"倡议是新时代中国开放的主方向。努力实现政策沟通、设施联通、贸易畅通、资金融通、民心相通，打造国际合作新平台，增添共同发展新动力。中国开放的大门不会关闭，只会越开越大。要以"一带一路"倡议为重点，坚持"引进来"和"走出去"并重，遵循共商、共建、共享原则，加强创新能力开放合作，形成陆海内外联动、东西双向互济的开放格局。这些重要论断为新时代中国企业"走出去"参与国际投融资活动提供了路径和方向。

"一带一路"倡议需要良好的法治环境，它集政治环境、经济环境、文化环境、社会环境、生态环境等之大成。我们一定要关注多边法律框架、双边国际合作规范，关注法律服务和金融服务的关联性，以及争端解决机制研究等，推动中国企业走向世界，世界企业走向中国，这是我们义不容辞的职责。

1990年夏，我的研究生、忘年交李志强开始从事律师工作，作为当年首位到民办律师机构工作的上海高校优秀毕业生，他不忘初心，钟爱事业，在为中外当事人提供优质、高效的法律服务的同时，长期注重前沿课题研究，并时刻研讨全国人大通过的重要立法。2001年志强当选上海市第八届"十大杰出青年"，成为这一奖项设立以来首位获此殊荣的专职律师。2012年他获评一级律师。2017

年 10 月志强受聘担任"上海会议大使",成为上海 110 名会议大使中首位法律人,积极推动有影响的国际组织来华、来沪举办国际会议。2018 年 3 月在菲律宾首都马尼拉举行的环太平洋律师协会第 28 届年会上志强当选环太平洋律师协会副会长,成为上海 1843 年开埠以来首位在国际律师组织中担任领导人的上海律师。2019 年 4 月 27 日他在新加坡举行的环太平洋律师协会第 29 届年会上当选为候任会长。志强律师充分发挥他的特长和优势,广结海内外朋友,数十次在国际多边法律论坛上就"一带一路"倡议的法治内涵和中国改革开放 40 年来法治文明的巨大成就发表演讲,传播中国法律制度和法律文化的正能量,并积极研究我国港澳台地区和各国法律,为中国企业海外投融资活动提供法制保障。

自习近平主席提出"一带一路"倡议以来,金茂凯德律师事务所开设了"一带一路"法律研究与服务中心,并先后于 2015 年 11 月 28 日和 2018 年 2 月 21 日获准注册"金茂凯德"和"Jin Mao Partners"中英文商标,先后发起成立了 G20 律师服务联盟、金砖国家律师服务联盟、上海合作组织律师服务联盟、"金砖 + 律师"服务联盟和东盟律师服务联盟,在我国港澳台地区和五大洲等数十个国家和地区设立了 63 个站点。为深化改革开放进一步提供广泛、坚实、现实的法律导引和法制保障,金茂凯德律师事务所加强对中国企业海外投融资相关法律研究和实践,将有助于中外法律文化交流互鉴,有利于中外法律人沟通合作,有益于中国企业更好、更稳、更快地融入"一带一路"倡议伟业,也是法律界参与"一带一路"倡议和构建人类命运共同体的伟大实践。

近代以来,久经磨难的中华民族迎来了实现中华民族伟大复兴的光明前景，将建成富强民主文明和谐美丽的社会主义现代化强国。在当前日新月异、催人奋进的新时代，我们要跟上潮流，发挥各自智慧，不然就会被淘汰。我作为一名从事法学教学科研、立法执法、法治宣传、法律服务和参政议政等工作已达 60 多年的老法律人，衷心祝愿更多的法律人投身国家依法治国的宏伟事业，投身"一带一路"倡议的伟大事业，在中华民族伟大复兴的中国梦征程中实现自身的人生梦。

（本文收录于《中国企业赴新加坡、瑞士、德国投融资法律研究》，中国金融出版社，2019 年 7 月）

《中国企业赴瑞典、智利、巴西投融资法律研究》序言

　　《中国企业赴瑞典、智利、巴西投融资法律研究》是"中国企业海外投融资法律研究"系列丛书第六部著作。本书聚焦赴瑞典、智利和巴西投融资法律研究和实务操作，为中国企业赴上述三国进行投融资活动提供了重要法律参考和法律指南。

　　中国和瑞典于1950年5月9日建交，瑞典是第一个与中国建立外资关系的西方国家，中国和瑞典互为在亚洲和北欧地区最大贸易伙伴。

　　中国和智利于1970年12月15日建交。智利是第一个同中国建立外交关系的南美洲国家，也是第一个就中国加入世界贸易组织与中国签署双边协议的国家。中国是智利全球第一大贸易伙伴、第一大出口目的地国和第一大进口来源国，智利是中国在拉丁美洲第三大贸易伙伴和进口铜的最大供应国。

　　中国和巴西于1974年8月15日建立外交关系。中国是巴西第一大贸易伙伴、出口对象国和进口来源国。

　　中国企业赴瑞典、智利和巴西投融资潜力巨大，中国与瑞典、

智利和巴西法学法律界人士交流合作日益频繁，为我国企业家和金融家提供了优质高效的跨国跨境法律研究与服务。

习近平总书记指出，中国坚持对外开放的基本国策，坚持打开国门搞建设，积极促进"一带一路"国际合作，努力实现政策沟通、设施联通、贸易畅通、资金融通、民心相通，打造国际合作新平台，增添共同发展新动力。中国开放的大门不会关闭，只会越开越大。要以"一带一路"建设为重点，坚持"引进来"和"走出去"并重，遵循共商、共建、共享原则，加强创新能力开放合作，形成陆海内外联动、东西双向互济的开放格局。这些重要论断为新时代中国企业"走出去"参与国际投融资活动提供了路径和方向。

"一带一路"需要良好的法治环境，它集政治环境、经济环境、文化环境、社会环境、生态环境等之大成。我们一定要关注多边法律框架、双边国际合作规范，关注法律服务和金融服务的关联性，以及争端解决机制研究等，推动中国企业走向世界，世界企业走向中国，这是我们义不容辞的职责。

1990年夏，我的研究生、忘年交李志强开始从事律师工作，作为当年首位到民办律师机构工作的上海高校优秀毕业生，他不忘初心，钟爱事业，在为中外当事人提供优质高效法律服务的同时，长期注重前沿课题研究，2001年志强当选上海市第八届"十大杰出青年"，成为这一奖项设立以来首位获此殊荣的专职律师。2012年李志强获评一级律师。2017年10月志强受聘担任"上海会议大使"，成为上海110名会议大使中首位法律人，积极推动有影响的国际组织来华、来沪举办国际会议。2018年3月，在菲律宾首都马尼拉举行的环太平洋律师协会第 28 届年会上，李志强当选环太平洋律师协会副会长，成为上海 1843 年开埠以来首位在国际律师组织中担任领导人的上海律师。2019 年 4 月 27 日，在新加坡举行的环太平洋律师协会第 29 届年会上，李志强当选环太平洋律师协会候任会长。李志强律师充分发挥他的特长和优势，广结海内外朋友，数十次在国际多边法律论坛上就"一带一路"倡议的法治内涵和中国改革开放 40 年来法治文明的巨大成就发表演讲，传播中国法律制度和法律文化的正能量，并积极研究我国港澳台地区和各国法律，为中国企业海外投融资活动提供法治保障。

自习近平主席提出"一带一路"倡议以来，金茂凯德律师事务所开启了"一带一路"法律研究与服务中心，并先后于 2015 年 11 月 28 日和 2018 年 2 月 21 日获准注册"金茂凯德"和"Jin Mao Partners"中英文商标，先后发起成立了 G20 律师服务联盟、金砖国家律师服务联盟、上海合作组织律师服务联盟、"金砖 + 律师"服务联盟和东盟律师服务联盟，在我国港澳台地区和五大洲等数十个国家和地区设立了 65 个站点。加强对中国企业海外投融资相关法律研究和实践，将有助于中外法律文化交流互鉴，有利于中外法律人沟通合作，有益于中国企业更好、更稳、更快地融入"一带一路"倡议伟业，也是法律界参与"一带一路"倡议和构建人类命运共同体的伟大实践。

作为一名从事法学教学科研、立法执法、法治宣传、法律服务和参政议政等工作已达 60 多年的老法律人，我衷心祝愿更多的法律人投身国家依法治国的宏伟事业，投身"一带一路"倡议的伟大事业，在中华民族伟大复兴的中国梦征程中实现自身的人生梦。

（本文收录于《中国企业赴瑞典、智利、巴西投融资法律研究》，中国金融出版社，2020年1月）

打造高效务实的
全球法律服务共同体

　　今天中国企业赴美投融资法律研讨会开幕现场，一批重要嘉宾到场，大家期盼周汉民主席的主旨演讲，期待张宁局长的金融案例点评和万利律师的专题报告。金茂凯德律师事务所作为主办单位之一，参与本次研讨会的举办，并请我讲几句话，我感到十分荣幸。

　　为响应习近平主席提出的"一带一路"倡议，2016年2月18日，在上海市商务委员会副主任申卫华的见证下，金茂凯德律师事务所"一带一路"法律研究与服务中心正式启幕。9个多月来，中心已在日本、英国、意大利、比利时、卢森堡、荷兰等国家和中国香港、中国澳门、中国台湾等地区设立了工作站。上海市黄浦区政协主席张华和上海市人民政府侨务办公室主任徐力分别为"一带一路"法律研究与服务中心香港站和金砖国家律师服务联盟揭牌。今天，周汉民主席、张华主席、张宁局长和钱衡秘书长等领导还将为G20律师服务联盟和金茂凯德律师事务所纽约代表处揭牌，这将进一步推动包括法律人在内的社会各阶层积极参与和响应国家战略，推动全球法律服务共同体的建立，推动中国企业海外投融资活动依法有序进行。

最后，感谢各位企业家、金融家和法学、法律专家出席本次研讨会，祝大家身体健康、事业兴旺。

（本文为李昌道先生在 2017 年 11 月 21 日中企赴美投融资法律研讨会上的讲话）

附 录 篇

法学宗师 引领前行

徐静琳 孙航宇 董茂云 潘鹰芳 李海歌 范永进

2018 年 9 月 17 日，由司法部原部长、中国政法大学校长、中国法学会会长和中华全国律师协会首任会长邹瑜题写片名、华宇电影拍摄的纪实片《法学宗师李昌道》在上海举行首映式。

李昌道教授是蜚声中外的著名法学家，曾参与制定《中华人民共和国香港特别行政区基本法》（以下简称《香港基本法》），先后担任上海市高级人民法院副院长、上海市人民政府参事室主任、复旦大学法学院院长、上海仲裁委员会副主任、上海市法学会副会长、九三学社中央法制委员会顾问等职务，从事法学教学、研究、立法、司法、法治参政、法律仲裁、法治宣传和法律服务已达60多年。

全国人大宪法和法律委员会主任委员、中央全面依法治国委员会办公室组成人员李飞同志称赞李昌道教授是我国法学法律界的"瑰宝"。

一、上海市人民政府参事、知名港澳基本法专家徐静琳女士的深情回忆

我和李昌道先生相识已久，虽然不是先生的科班学生，却一直认为先生是我在专业领域和人生道路上的良师益友。我和李先生认识于1982年的武汉大学。那是我第一次参加全国性的学术会议，当时先生已是复旦大学的一名讲师，而我则刚刚走上讲台。一切仿佛就在昨天，转眼已有36年了。

我想从两个方面来谈谈感受。首先，在专业领域，我和李先生都从事同一方向的研究——外国法制史和港澳基本法。在与李先生学习、合作、交流的过程中，深切感受到先生的勤奋好学、务实创新的治学态度。其次，李先生与我同为九三学社成员，他那学以致用、关注社会、服务社会的奉献精神，成为我参政议政的楷模。这么多年一路走来，李先生言传身教，令我受益匪浅。与李先生相识相知，是我人生的缘分，更是我的福分，弥足珍贵！在此，我衷心祝愿李先生健康快乐、生命之树常青！

二、《法学宗师李昌道》制片人、华宇电影董事长孙航宇先生现场动议

作为一个从业43年的老电影人，我曾经手过许多的影片摄制，但是能成为纪录片《法学宗师李昌道》的制片人，我仍然倍感自豪。这是一个十分特殊的经历，因为在长达40多年的电影岁月里，我主要拍摄故事片，纪录片可谓初次涉足。

其实我和在座的大多数人一样，早年间和李老并无太多交集。我和李老的相识相知，时间是比较短的，但是就在这短短三四年的时间里，我感受到了李老的为人、行事、风采，他的人格魅力确实让我们敬仰。所以，我就跟李志强律师说，能否把他的经历、他的思想，通过我们艺术的、影视的手段记录下来。未承想这样的心愿其实早就埋在了李律师的心里，我们一拍即合。尽管如此，我在此还是要感谢李律师能提供这样的机会，因为在这部片子的拍摄过程当中，我学到了许多为人处世的道理。

在拍摄过程中，李老给我留下了非常深刻的印象，不是因为他思维敏捷、谈笑风生、对过往的记忆是那么清晰，而是因为我从他的身上感受到，他始终坚持站在时代的前沿。李老有大情怀，有大智慧，学识高，内心坦荡，所以拍摄这部影片的过程，实际上对我而言也是一次学习、体验和成长的过程。

现在我有幸能把这样一部纪录片，在一个如此特别的日子奉献给各位，希望得到大家的认可。同时，我还有一个小小的心愿，因为李老丰富多彩的人生素材，我希望未来能有机会以他为原型拍摄一部故事片。我相信如果我们用这种艺术的手段，用故事片的形式，把李老精彩、辉煌、传奇的人生搬上银幕，也一定能赢得全国观众的喜欢。

三、著名中青年法学家、复旦大学法学院原副院长董茂云教授真情表白

如果要说李老在我心目中的印象，我一定会说他是一位非常善良、非常勤奋的人，也是非常有趣的人。李老的人生中有很多角色，首先是教授、法学家，然后是学校管理者，还曾是一名法官。尽管角色很多，但是在我的心目中，他最重要的角色是法学教授、法学家。

我认为，李老是我国最有代表性的海派法律学家，从他身上能够看到不断创新的精神、务实的精神和坚持开放的态度。李老是我的导师，是我的同事，也是我多年的朋友，我以拥有他这样一位令人敬仰的导师、令人尊敬的同事、令人可以无条件信任的朋友感到幸运和骄傲。

在此我想特别感谢李志强律师，李志强律师其实也是李老师最亲密的学生，也是非常有心的一位学生，正是在他的策划下，这样一部关于李老师的纪录片才得以拍摄完成。最后我想借这个机会，祝李老师健康长寿，也祝李志强律师事业壮大。

四、上海市黄浦区司法局原局长、上海市"新好男人"潘鹰芳打开 10 年前的记忆闸门

10 年前，我时任上海市黄浦区司法局局长，金茂凯德律师事务所正在考虑邀请一位法学法律大家担任掌门人。我直接打电话给远在加拿大的李昌道老师，请求他出任金茂凯德律师事务所的主任。

10年来，李老师以他渊博的法律知识和优秀的人格品德，给我留下非常深刻的印象，我常常引以为自己的学习楷模。李老师的社会地位、社会影响和大家对他的一致认可，使金茂凯德律师事务所取得非常丰硕的成果。该所在五大洲主要经济体设立的海外服务站点就有54个，在北京、香港、芜湖、广州等地也成立了分所。10年中律师事务所能取得这样的成果，在我12年司法局长任职期间可谓难得一见。

任何一家律师事务所，有作为才能有地位。创始合伙人李志强和他的律师事务所得到许多荣誉，李志强律师被上海市黄浦区评为行业的十大领军人物，被选为上海市黄浦区的政协常委，这与金茂凯德人的共同努力是分不开的，与李老师德高望重的社会影响也是分不开的。我在这里祝金茂凯德律师事务所的明天更美好。我在此透露一个信息，2020年环太平洋律师协会的年会将在上海举行，这个年会是经过市里批准、司法部批准的，是金茂凯德律师事务所搭桥牵线才能得到这样的机会。这是上海市自1843年开埠以来首次举办有世界影响的国际律师年度盛会！

五、上海市司法局律师管理处原处长、上海市律师协会秘书长李海歌回味20年前往事

谢谢李志强律师举办这次晚会。李确实是个大姓，李昌道教授，李志强律师，我也姓李。1998年6月，我曾有幸请来时任上海市高级人民法院副院长的李昌道教授为我们的一本律师法律实务的书籍作序。我们刚才又拿到了两本书，一本是李教授主编的，另一本是

李志强律师主编的。这对师生有很好的传承性，李教授的丰富经历是不可复制的，也是不可多得的，跟法律有关的所有工作他都涉猎过。李教授与律师的不解之缘，李志强律师已谈及很多，我在此还想增加一点。1997年前后，李教授刚从香港回来，我当时在律师协会担任秘书长，李教授在百忙中来为律师协会上大课。尽管已时隔多年，我现在仍然清楚地记得当时人声鼎沸的样子，香港刚刚回归，李教授就为我们讲解了《香港基本法》起草的过程。此后，我们又请过李教授为我们授课，李教授真诚实在地为广大律师提供了很多帮助，我一直心存感谢。

我和李志强律师作为同事也相处多年，他身上有很多第一：他是大学毕业就到合作制律师事务所工作的第一人；他也是上海市十大杰出青年，这也非同寻常，因为当时律师得到这样的荣誉是非常不易的。我在此祝福金茂凯德律师事务所发展得更好，李志强律师获得更大的进步，李教授寿比南山。

六、上海市金融业联合会副理事长、爱建集团党委书记、著名金融法律仲裁专家范永进真诚祝福

我非常高兴，也非常激动，前面几位专家领导讲得非常精彩。李志强是我们华东政法大学的校友。通过李志强我又认识了我们的李教授。每次活动李教授能来就一定会来，而且发表了很多次精彩的讲话，给我们留下了很深的印象。李教授已经87岁高龄了，他的人生波澜壮阔，和我们的改革开放同行，和中华人民共和国的成长同步，而且和我们的法律工作相伴随。特别是晚年，李教授和我们李志强律师在这方面花了很大工夫，所以他们的事业和精神会不断传承。

李教授是个大学者、大领导、大好人，从我们中国人崇尚的立功、立德、立言的为人处世标准看，我个人认为，我接触的领导朋友中李教授可以完全对上号。我感受到他人格的力量、豪迈的情怀，感受到他给我们年轻人很多指引的力量。

此时此刻，我有三点感受。

第一，一年之"晨"在于秋，秋天是收获的季节，每次来参加这个会都是在秋天，我总是收获满满。

第二，我认为金茂凯德人做的许多其他工作，如出国建立海外站点，揭牌的加拿大、阿联酋等海外站点，以及拍摄李教授的纪录片，都是非常有意义的。尤其是我们李志强律师所做的很多工作，上次随上海市人大常委会主任殷一璀出访，第一时间就发来了报道。包括他被评为上海市十大杰出青年、担任环太平洋律师协会的副会长，应该说这些年李志强律师在前进的道路上跑得非常快，他的实务、文章书籍、官方微信，他的很多付出，都令人记忆深刻。

第三，今天我还感受到心有灵犀一点通。不管我们是老朋友还是新朋友，很多同志发自肺腑的讲话令我深有同感。我感觉到在座的各位都是读书人，都是干事的，心里是相通的。所以我们李志强律师介绍潘局长是新好男人，现在这种名号不太有了，我们也不知道去哪里申请。见面之后感觉我们本来就认识，本来就是好朋友，这可能就是一见如故吧。我感觉有缘总能来相会。

2018年是改革开放40周年，2019年是中华人民共和国成立70周年，2020年是小康社会建成之时，2021年是建党100周年。这几年大事连连，我们这里在座的各位都为此作出了很多贡献，而且我们非常幸运，参与了伟大时代的工作，见证了很多人见不到的事情，分享了这些年发展的成果。

最后祝各位嘉宾万事如意，祝李教授寿比南山，祝金茂凯德律师事务所年年上更高的台阶，让我们分享累累硕果，见证我们律师事业在上海朝气蓬勃地发展。

（本文为《法学宗师李昌道》首映式上各位专家深情致辞）

德艺双馨　实至名归

董茂云

尊敬的李昌道老师，尊敬的李志强会长和各位领导，大家好！

我现在在宁波大学任教，因为新学期开学初期疫情防控的需要，今天我只能通过视频的方式参加李昌道教授学术思想研讨会。

一、李老师的学术经历可以用四个字来形容：长、宽、多、高

所谓长，就是李老师从事法学研究活动持续时间长，从 20 多岁至今，经历了 66 年。

所谓宽，就是李老师进行法学研究涉及面宽，研究领域包括法律史与比较法、宪法与港澳基本法、司法制度与司法改革等。

所谓多，就是学术研究成果数量多，研究成果形式多样，包括专著、论文、研究报告和教材，还包括法律工具书和案例汇编等。

所谓高，就是政治站位高、学术品格高。李老师的学术研究，

一直坚守维护人民利益、国家利益的政治立场，坚持求真务实、不断创新的科学精神。

二、李老师的学术思想可以用两个词来形容：高瞻远瞩、脚踏实地

李老师从事法学研究，既关注宏观的基础理论问题，也关注具体的现实问题，能很好地将理论探索与现实问题的解决相结合。其研究成果所包含的学术思想，既能高瞻远瞩，领法学学术之先，又能脚踏实地，针对性地解决实际问题。

以对港澳基本法的研究为例，李老师于 1998 年就在《复旦学报》发表题为"实事求是是实施'一国两制'的灵魂"的论文，他提出邓小平理论的精髓是解放思想、实事求是，这是我们党永葆旺盛生机和创造力的法宝，也是"一国两制"基本方针的哲学基础和理论基点。2004 年李老师又在《复旦学报》上发表题为"'一国两制'是香港基本法的法理核心"的论文，着重阐释"一国两制"的科学内涵，强调"一国"是"两制"的前提和基础，是实践香港基本法的根本原则，并从香港特别行政区权力的来源、国家制度体系的构成、香港兴旺发达的基础三个方面展开论证。李老师坚决反对有意曲解"一国两制"的言论，明确指出，香港政制发展的主导权在中央。李老师在当时关于香港基本法法理的阐述，与多年后，国务院新闻办于 2014 年发布的《"一国两制"在香港特别行政区的实践》白皮书及中央领导同志近几年在涉港问题的几次重要讲话中，所阐述的香港基本法法理是完全一致的。此外，李老师还就香港的双语

立法、香港人权法案、香港无证儿童居留权案、香港基本法解释机制、香港与内地的司法协助等问题进行研究，发表过多篇论文，就《中华人民共和国香港特别行政区基本法》、香港特别行政区政治制度进行系统研究，出版学术专著。上述研究成果及相关学术思想，不仅对港澳基本法学的形成具有重要的奠基作用，而且对于今天解决纷繁复杂的香港问题，依然有重要的参考价值。

再以对司法制度及司法改革的研究为例，李老师在 20 世纪 90 年代中期，曾主持研究教育部规划课题"民事审判方式研究"，他明确提出，我们应立足本国国情、兼容并蓄，走中国特色的审判方式改革之路。李老师是改革开放后最早进行我国司法改革研究的国内学者之一。李老师于 1995 年在《民主》一刊上发表题为"保障司法公正的四个要件"的论文，提出要实现司法公正，要从四个方面入手，这包括提高法官素质是司法公正的根本，完善法律法规是司法公正的关键，改革庭审方式是司法公正的途径，各方关心支持是司法公正的基础。2003 年李老师又在《中国法学》上发表题为"司法公正与法官职业化"的论文，提出建构专门的司法组织制度，是实现司法公正的前提性措施。这种专门的司法组织制度的一个核心，就是法官职业化，即法官工作的严格控制化、集中化与统一化。李老师提出，法官在司法程序中扮演的角色最为关键，法官职业化要求显然高于律师职业化与检察官职业化。李老师在该论文中提出了法官职业化的实体要求及程序制度的建构要求。此外，李老师还就陪审制度、沉默权制度、司法调解与和谐社会的问题进行研究，发表过多篇学术论文，这些论文着力解决我国司法改革中的具体实际问题，提出了许多引人深思的见解及一些有操作性的建议。李老师还就比较司法制度进行系统研究，出版过学术专著。李老师的上述研究成果及其包含的学术思想，对于我国近 20 多年来的司法改革，特别是前 10 年的司法改革，作出了重要的理论贡献。

李老师是一位最善于将理论与实践相结合的学者，是我国最具代表性的德艺双馨的法学家，是我们长期学习的榜样。

最后，我祝李老师生活愉快、健康长寿，祝参会的各位一切顺利，祝各位教师节快乐，预祝各位中秋节快乐！

谢谢！

（本文为董茂云教授在李昌道学术思想研讨会上的演讲）

高瞻远瞩　勇于探索

徐静琳

各位领导和专家，大家好！

李昌道先生既是法学大家，又是社会知名人士，曾经担任过诸多社会职务和领导职务，在中国改革开放的发展进程中，作出了卓有成效的贡献。今天，在教师节举办李先生学术思想研讨会，是非常贴切的。

李先生的一生，就是以教师为业，以治学为本，无论在从政岗位还是身居要职，无不展现了其谦虚、勤奋、严谨和博学的学者本色。

我与李先生相识于20世纪80年代，即1982年的武汉大学，在改革开放后举办的外国法制史第一届年会上。作为"文化大革命"后首批毕业的大学生，我刚刚走出学堂，是第一次参加全国性的学术会议，老少学人欢聚一堂，见到了不少学界大家，如陈盛清、潘汉典、林榕年、徐轶民先生等。当时学术界如沐春风，个个意气风发，无论在会上还是会下，复旦大学的李教授像其他学者一样，侃侃而谈，争相发表高见，大家都看到了中国法学发展和法治建设的希望。

初出茅庐的我，一切还在新奇的学习之中，而李先生在英美法系领域的研究已有了相当的积累和影响。

我向李先生学习和交流最多的领域还是在"一国两制理论和实践"的研究方面。由于比较法的学术基础，可以说，我们成为国内最早涉足"一国两制"理论和港澳基本法的学者。记得1987年李先生接受重任，将赴新华社香港分社参与《中华人民共和国香港特别行政区基本法》（以下简称《香港基本法》）的制定和研究工作，临行前专门与我联系，探讨香港法治的背景。实际上我那时还未去过香港，但之前与同仁通过查阅资料写了本《香港法简论》，从这一件小事，足见李先生不耻下问的谦虚和好学。李先生在香港期间，结交港人，研究港情，很快融入香港社会，在香港报刊上发表了多篇文章，其犀利的分析、精辟的观点，震动了香港法律界。在香港短短几年时间，先后出版了多部作品：《香港法制漫谈》《30常用香港法例新解》《香港基本法透视》，可见李先生适应新环境的效率和悉心耕耘的勤奋。当时到过香港学习和工作过的人不少，但是像李先生这样，能够充分抓住机遇，勤于学习和研究问题的为数不多，更何况他早已年过半百，这种勇于探索的精神，着实令人敬服。

1990年《香港基本法》颁布后，李先生从香港回来，立即投入迎接香港回归的法制准备工作中。李先生组织和带领上海中青年学者，先后出版了《香港政制和法制》《香港法律实用全书》《香港政制体制研究》等，在相当程度上为填补国内对香港法治研究的空白作出了贡献。在香港回归前后，李先生主要开展了两个方面工作：一方面，深入推进《香港基本法》的理论研究，如《教师认识基本法》（香港特别行政区预委会委托香港浸会大学的项目）、《创造性的杰作——解读〈中华人民共和国香港特别行政区基本法〉》等，为基本法教学和研究提供了扎实的文献资料；另一方面，为上海各界宣讲和普及"一国两制"与《香港基本法》，发挥了积极的社会效应。我有幸参与了上述著作的撰写和社会宣讲，从中领略大师的风貌，感受丰富的法治内涵，同时也获得了社会历练，由此，我感恩大师的提携，感恩时代给予的机遇。

学习李先生的学术思想及方法，我认为其精髓就是，运用法学原理思考社会问题，学以致用，为社会服务。从李先生各个历史阶段的学术研究和参政议政的成果来看，理论联系实际，跳出学术研究问题，是其学术生命力所在。从李先生身上，我看到了一个法律人的社会责任。我在港澳基本法研究领域摸爬滚打也有数十年了，运用法学理论思考社会问题、解决社会问题，也成为我治学的基本方法。通过言传身教，我认为，从李先生身上汲取的不只是学养和精神，还有良好的学习方法。

"一国两制"是一项开创性事业，不仅解决历史遗留问题，也是中国发展的基本国策。香港回归已有 24 年，"一国两制"实践取得了令人瞩目的成就，也遭遇了前所未有的挑战。如何丰富和完善"一国两制"2.0 版，需要我们不断探索。李先生已步入耄耋之年，依然思维敏捷、高瞻远瞩，心系香港。前几年李先生在复旦期间，就香港发生的一些案例，我们会常常交流和切磋意见。2019 年李先生送了我一套珍藏多年的资料（香港基本法起草小组对条文的争议意见），告诫我研究基本法一定要理解立法背景，了解每个条文形成时的争议意见，牢记"一国两制"方针政策的初心。疫情期间，李先生心系祖国，每次通电话，他总会提到香港局势及基本法研究动态。我们认为，"一国两制"构想是理想的，其实践有完善的空间，因此，坚持"一国两制"方针政策，把握香港的战略定位，思考"香港再出发"的治理思路，应成为基本法学者新的历史任务。

今天在这里研讨李昌道先生的学术思想，年轻学者和律师共济一堂，一起重温先生的教导，往事历历在目，仿佛又回到了共同奋斗的昨天，分外亲切！

衷心感谢主办方创造了这样一个难得的学习机会！衷心祝愿李先生健康长寿、学术之树常青！

（本文为徐静琳教授在李昌道学术思想研讨会上的演讲）

践行法学家精神
推进金融法治建设

张　宁

各位领导和专家：大家好！

今天是一年一度的教师节，著名法学家李昌道学术思想研讨会在沪举行，可喜可贺！

我和李老在 2013 年外滩金融法律论坛、中国企业赴美投融资法律研讨会等多个学术论坛上相识，我长期从事金融监管工作，从某种意义上说也是金融法治人，我曾担任第四届和第五届上海仲裁委员会委员，李老曾任上海仲裁委员会副主任，我和李老有缘。

在 2013 年 11 月 11 日举办的外滩金融法律论坛上，时任上海市黄浦区委主要领导和李老为"外滩金融创新试验区法律研究中心"等揭牌，我记得当时李老在致辞中提出，外滩金融创新试验区法律研究中心可拓宽为外滩金融法律服务的领域，使外滩成为一条真正的金滩。

从 2016 年起至今，李老每年主编《外滩金融创新试验区法律研究》，并由中国金融出版社公开出版，全国发行。李老提出，案例具有实证效果，金融案例具有学术价值，请金融专家点评有利于理论联系实际，有利于扩大改革和发展的红利，让更多企业受益。或许是我从事金融监管多年又是仲裁员等缘故，我受邀为金融市场经典案例进行点评，至今已经连续 5 年为上百例在我国金融市场有代表性的案例进行专业评价，有的案例可复制、可推广，受到市场人士和专家学者的好评。

从李老身上，我感受到他活到老学到老的学者风范，感受到他谦逊幽默、和蔼可亲的人格魅力，更感受到他与时俱进、登高望远的人生境界。李老一生爱法护法，59 岁出任上海市高级人民法院副院长，69 岁出任复旦大学新法学院首任院长，如今 90 岁高龄仍然与法同行，从事立法、司法、执法、法学教学科研、法治宣传和法律服务已达 66 年，难能可贵！

在依法治国的伟大事业中，法学家是国家和社会的宝贵财富，让我们践行法学家精神，推进金融法治建设，以习近平法治思想开辟金融法治工作新局面。

谢谢大家！

（本文为著名金融专家、中国证监会上海监管局原局长、上海仲裁委员会原委员张宁在李昌道学术思想研讨会上的演讲）

引领司法改革　培育司法英才

宋学东

李昌道教授是我国著名的法学家和法学教育家。李昌道教授作为我国民主党派参政议政政治制度的代表之一，于 1991 年至 1998 年任上海市高级人民法院（以下简称上海高院）副院长，分管政策研究、干部培训等工作。我于 1986 年 7 月大学毕业后在上海高院经济审判庭工作，1995 年 7 月调任研究室副主任，在李昌道副院长直接领导下工作 2 年多。

在今天的研讨会上，我想从三个方面谈谈对李昌道副院长的领导艺术、改革理念、法官培训的感受和感悟。

一、李昌道副院长是受人尊敬、敬重的高院领导之一

李昌道副院长是非常有魅力，并且又善于与下属沟通的领导。作为李昌道副院长分管部门的副职，我在李昌道副院长领导下履行相应工作职责过程中，直接感受我们是师生关系，不是领导与被领

导的关系，就像老师在教导辅导学生做课题、做科研，工作环境仿佛又重回学校的研学环境。李昌道副院长在布置工作时，从不以院领导自居，发号施令，总是以商量的口吻与部属洽商。在洽商过程中，部属不仅领会了李昌道副院长部署工作的意图和目标，而且也知道了工作的路径和方法。李昌道副院长的工作方法，不仅提高了部属的工作效率和质量，更使部属学到了如何做工作的思维、方法、路径，以及团队沟通、协作、配合的重要性。因为在李昌道副院长领导下部属们工作愉快，有的时候在讨论研究工作过程中，提到李昌道副院长对该项工作的意见要求时，竟会脱口而出说"昌道院长"是怎么怎么说的。足见李昌道副院长与他的部属们是多么亲近啊！

二、李昌道副院长厚实的法学功底，为司法改革提供理论支持

20 世纪 90 年代初，在最高人民法院的推动下，全国法院民事经济审判条线开展了规模宏大的民事审判方式改革工作，重点是庭审方式的改革。依现在的眼光看，当时民事审判方式改革的举措、目标还是比较粗浅和不完善的，但提出的"审得清清楚楚、听得明明白白"改革口号至今还记忆犹新，改革探索的历史意义重大。

怎么实现庭审方式的改革目标，各地法院和法学专家、学者积极探索，也参照国外特别是美国、法国、德国，以及中国台湾地区的民事诉讼理论和制度，提出了不少真知灼见。李昌道副院长根据法院的实际，提出了要发挥庭审功能，改变诉辩审三方职责不清、举证责任错位，要落实直接言词原则，要完善裁判文书制作改革，

将庭审方式的改革成果充分体现在裁判文书中。

我所在的上海高院经济审判庭,根据上海高院党组要求,在分管院长的领导下,积极开展民事审判方式的改革。当时,上海高院经济审判庭审理的案件主要是当事人上诉的二审案件。根据当时的民事诉讼法关于民事二审案件审理程序的规定,原则上是可以开庭,也可以不开庭,但哪些案件必须开庭、哪些案件可以不开庭的,并没有明确的规范。当时,上海高院经济庭领导根据院领导的要求,推出了二审上诉案件实行全部开庭的举措。这个举措的推出,就是要进一步落实庭审查明事实的功能、落实当事人举证责任、落实直接言词原则。事实证明,通过对全部二审案件的公开开庭,进一步提高了上海高院经济审判二审工作的质量和效率,也得到当事人的肯定和好评。对此项工作,印象比较深的是我担任审判长并主审的三起二审上诉案件。其中,第一件二审上诉案件的被上诉人是浙江的公司,第二件二审上诉案件的上诉人分别是山东、新疆的公司。开庭后,浙江公司代理人(律师)在签署庭审笔录时当场对我说,上海高院通过开庭把上诉人提出的上诉争议查得清清楚楚,我们都是吃法律饭的专业人士,开庭后谁输谁赢,通过庭审实际已经非常清楚了。代理人表示,作为外地律师非常赞同上海高院二审开庭的做法。另外,山东、新疆公司提出的上诉案件,通过开庭后合议庭决定驳回上诉并被强制执行。后来,执行法官反馈山东、新疆公司比较配合法院的执行工作。两家公司都反映,通过上海高院二审案件开庭,也让它们提出的上诉主张和理由有一个合法的表达场所。

在民事审判方式改革工作过程中,对裁判文书改革的声音也呼之欲出。李昌道副院长以法学教育家的眼光,敏锐意识到法院裁判文书改革势在必行。李昌道副院长认为，裁判文书如何改革，既要顺应改革的要求，也要借鉴历史和国外的经验。在李昌道副院长的领导下，研究室承担了汇集古今中外司法裁判文书的工作，李昌道副院长借助教学资源，提供了不少有价值的资料，最终得以汇集成册。印象比较深的是一份制作于20世纪30年代的裁判文书，记忆中大概的内容是拉车的马匹受惊后造成他人人身和财产损害。以现在的侵权理论和司法实践来看，这篇裁判文书对侵权构成、侵权责任的分析认定也是言之有理。因此，这本册子对法官如何制作裁判文书、如何将制作的裁判文书符合改革要求，起了比较大的作用。

实际上，李昌道副院长在司法改革、司法公正等提出不少真知灼见的理论和独到见解。例如，李昌道副院长1995年在香港《经济与法律》杂志撰文，就提出了走向现代化、法治化的中国法院。又如，李昌道副院长在法院机构改革、法院管理改革、审判管理改革、庭审方式改革、裁判文书改革、法官培训改革、法院装备改革等方面都体现出他的睿智。

三、李昌道副院长积极探索法院人才培养的方式和渠道，取得了巨大成功

李昌道副院长是香港法律教育基金第一批到港的内地访问学者。香港法律教育基金主席陈小玲女士得益于中国内地改革开放的发展，敏锐地意识到法治建设、法律人才培养是中国内地进一步改革开放的基础性建设工程。陈小玲女士等设立了专门资助中国内地法律工作者到香港学习交流的香港法律教育基金，陈小玲亲自担任

基金主席。

在上海高院党组的关心下、李昌道副院长的推荐下、陈小玲主席的帮助下，我和另一位同事受香港法律教育基金的资助，于1998年3月至6月作为香港城市大学法学院的访问学者在香港学习考察，我选择的学习重点是了解香港有关证券内幕交易的制度。其间，在香港法律教育基金的安排下，与香港终审法院、高等法院法官，香港相关大学法学院教授，香港证券界和金融界人士，香港相关机构，社会组织等开展研讨、交流、学习、听课等。学习期间受《香港商报》约稿，我撰写了"中国证券市场法制框架初步构成"，发表于1998年5月15日出版的《香港商报》（整一版面）。通过三个月在港学习交流，我确实开阔了眼界、增长了知识，要为国家法治建设作出努力的责任感、使命感也油然而生。在李昌道副院长的关心和支持下，上海法院与香港法律教育基金在法律人才培养方面保持着良好的沟通，有相当数量的上海法院法官同我一样，受组织委派在香港法律教育基金资助下到香港学习。若干年后，这些法官大多担任了上海法院系统的院级领导。

李昌道副院长自20世纪50年代起从事法学教育、科研、立法、司法、法律服务等工作已达66年。今天有幸参加李昌道学术思想研讨会，让我回忆起在李昌道副院长领导下的那些工作时光。在此，再次感谢李昌道副院长对我的关心帮助。

祝愿李昌道教授健康长寿！祝愿李昌道教授法学生涯常青！

（本文为原上海市高级人民法院审判委员会委员宋学东在李昌道学术思想研讨会上的演讲）

涉外法治人才的核心素养

李志强

东海之滨，浦江之津，复旦大学经历百年风雨。

日月光华，旦复旦兮，莘莘学子铸就名校光辉。

再次来到母校，这里的一草一木依然如此亲切。1993 年至 1996 年在复旦文科楼度过美好的法学硕士求学时光，也是在这段时间里，1994 年 2 月，执业不到 4 年的我荣获了"上海律师涉外服务标兵"称号，5 名获奖者中我是最年轻的那位。

触景生情之际，首先我想感谢母校和以李昌道教授为首的老师们对我的悉心培养，感谢那么多优秀老师给我的谆谆教诲。我很怀念在这里度过的那段美好时光，怀念复旦浓郁的学术氛围，怀念这里拥挤而又安静的图书馆，怀念相辉堂神圣的毕业典礼。复旦园承载了我人生中的青春岁月，也将承载与复旦有缘的学子和老师生命中永恒的阳光与梦想。

今天受邀参加复旦法学院举办的"涉外法律人才培养专题研讨会"，涉外法治从来没有像现在这样受到如此高的重视程度。金茂凯德律师事务所十分荣幸被教育部和司法部遴选为复旦大学涉外律师培养的合作单位之一。

博学而笃志，切问而近思，法学硕士毕业二十五载，母校的校训时刻萦绕于耳畔，关于"涉外法治人才核心素养"，我想简单地概括成以下四个方面内容：爱国、坚持、包容、合作（PPIC）。

一、核心素养之爱国（Patriotism）

作为涉外法治人才，其核心素养的基础必须是爱国。

爱国需要传承。爱国是一个过程，如屈原所说，"路漫漫其修远兮，吾将上下而求索。"

爱国需要斗志，正如高尔基所说，"我们是那高傲的海燕，渴望暴风雨的到来。"

当然爱国不是高谈阔论，纸上谈兵，我们要结合自己的专业知识，从我们力所能及的角度贡献自己的绵薄之力。习近平总书记强调，要提高我国参与全球治理的能力，着力增强"规则制定能力、议程设置能力、舆论宣传能力、统筹协调能力"。中国不能仅仅作为国际规则的接受者和适应者，而需要积极参与全球治理，做国际规则的维护者和建设者，提升参与国际事务的话语权。无论是国家利益，还是公民和企业在对外交往中的权利，都需要增强运用涉外谈判等手段来维护，从而积极发挥中国在世界舞台中的影响力。

二、核心素养之坚持（Persistence）

涉外法律服务是涉外法治中十分重要的一环，是一个机会，但也是一个挑战。

2021年4月18日至4月21日，环太平洋律师协会第30届年会在黄浦江畔隆重举行。全国人大宪法和法律委员会主任委员李飞同志提及：中国始终是多边主义的坚定捍卫者和积极践行者，作为首个在联合国宪章上签字的国家，中国加入了几乎所有政府间国际组织和500多项国际公约，基本实现了与国际规则的全面接轨。中华人民共和国忠实信守签署过的每一个条约，全力落实作出过的每一项承诺。

中国现行有效的法律达270余部，各类地方性法规达12000余件，再加上500多项国际公约，以及6月10日起施行的《中华人民共和国反外国制裁法》等构筑起中国涉外立法的框架。

涉外法治人才需要培育且贵在坚持，涉外法治人才的培养，重在坚持不懈地注重专业能力的培养，坚守专业精神的培育，日积月累，方显成效。

以涉外法律服务人才为例，1995年我加入了国际律师协会，2004年当选国际律师协会理事，2016年当选环太平洋律师协会理事，之后从副会长、候任会长到2020年6月7日当选会长，参与多个国际律师组织至今26年，刚刚品味出一点涉外法治文明交流互鉴的味道，还只是开始。如不坚持，半途而废，就不会感受到"无限风光在险峰"的意境。

三、核心素养之包容（Inclusion）

什么是包容？

法学是一门科学，法治是人类共同的语言，公平公正，崇尚正义。世界上有100多个主权国家，拥有丰富多彩的司法管辖区，法律、法系存在多样性，法治人才也是五湖四海的，要兼收并蓄，善于听取不同司法管辖区的声音，作为比较，作为借鉴，他山之石，可以攻玉。

2021年1月，中共中央印发了《法治中国建设规划（2020—2025年）》，其中明确提到中国将加强涉外法治工作。适应高水平对外开放工作需要，完善涉外法律和规则体系，补齐短板，提高涉外工作法治化水平。同时，也将加强多边法治对话，推进对外法治交流，深化国际司法交流合作。这表明，在今后，中国将继续保持开放包容的态度来积极参与到中外法治合作当中。

四、核心素养之合作（Cooperation）

早在2016年11月12日，著名法学家和法学教育家李昌道教授在中企赴美投融资法律研讨会上提出，打造高效务实的全球法律服务共同体。

在2021年4月19日开幕的环太平洋律师协会第30届年会上，法学宗师李昌道教授又提出，我们要构建中国特色的涉外法治体系建设，中国涉外法治体系要将我国的涉外法律体系和以联合国宪章为基础的国际法治体系相互连接和贯通，相互借鉴和融合，要注重将中国法律"走出去"，有中国人和中国企业的地方应当听到中国法治的声音，应当有中国涉外法律服务的影子。

中国企业"走出去"，中国律师"走出去"，中国法律"走出去"，都需要加强合作，与人合作，合作共赢。2016年2月18日，由法律服务工作者为主体成立的"一带一路"法律研究与服务中心在沪成立。5年来，致力于中外合作，已在五大洲设立71家海外站点，以各国顶尖商业律师为主体的中外法治工作者在携手合作办案的同时，开展中国企业海外投融资系列法律实务研究，由各司法管辖区有执业实操水平的商业律师共同合作已完成了六部中国企业海外投融资法律研究系列丛书，覆盖环太平洋地区等30多个国家和地区。

对于志在从事涉外法治工作的法律人，我们不仅要勤于学习钻研，更要勤于交流合作。当今世界，法律服务呈现服务对象的全球化、服务内容的全球化及服务水准的全球化，法治人才的国际交流合作将是必然，也将实现多赢。例如，通过国际律师组织，法治人才与相关专业领域的同行进行切磋交流，无疑在上述三个维度上都能极快地实现己方资源与他方资源的高效对接，提高法律服务资源在不同国家和地区间的快速流动，这不仅对于法治人才自己，对于一个国家的法律服务市场来说也是一件富有裨益的事情。

孟子曾经说过，"路虽远，不行则不至；事虽小，不为则不成"。"功崇惟志，业广惟勤"，"人生在勤，勤则不匮"，除了爱国、坚持、包容和合作之核心素养外，勤业和敬业也是十分重要的。"勤能补拙""天道酬勤"，功夫不负勤奋人。

我坚信，涉外法律服务的道路必将是一条康庄大道，始终秉承爱国之心，恪守坚持之意，胸怀包容之心，脚踏合作之旅，凭借自己的专业知识，通过一些力所能及的事情贡献着自己的一份力量，这是我们可以承受、可以完成的功德。

国家兴亡，匹夫有责，位卑未敢忘忧国。在专业报国的伟大征途中，我愿与各位携手同行！

谢谢！

（本文为环太平洋律师协会会长李志强律师在 2021 年 6 月 29 日参加复旦大学法学院举办的涉外律师人才培养合作单位签约仪式暨涉外法治人才培养专题研讨会上的发言稿）

跨越世纪毕生心血浇灌沪港法律之花

——法学宗师李昌道古稀之年宝刀未老

颜 菁

经历过家庭动荡、"文化大革命",而眼前这位老先生却一脸淡定从容,眼中闪耀着智慧光芒,他就是跨越大半个世纪,承载无数至上辉煌的一代法学宗师——李昌道。他先后参与过《中华人民共和国香港特别行政区基本法》(以下简称《香港基本法》)的制定、担任著名学府复旦大学法学院院长,以及上海市高级人民法院副院长、上海市政府参事室主任等诸多要职。

虽已年逾古稀,李昌道依然在法律的道路上一路执着,再次出征,"跨刀"担任上海金茂凯德律师事务所主任,宝刀锋芒却丝毫未减。"法律的魅力,将吸引我毕生追随。"李昌道踌躇满志地对记者说。

心系香江 香港基本法制定的"功臣"

李昌道出生在一个不平凡的家庭,父亲是老上海爱国报纸《大美晚报》的顶梁骨干,堂兄李政道则是荣获诺贝尔物理奖的"神童博士"。耳濡目染之下,李昌道实力也不容小觑,在取得中国人民大学法学研究生学位后,便一直在法律的道路上求索,更是与香港结下了不解之缘。

1987年,李昌道由于能力出色,被复旦大学谢校长推荐借调港澳工委,又被派到新华社香港分社担任高级研究员,开始从事香港基本法的制定工作。"九七回归、神州企盼。《香港基本法》既是香港繁荣的重要基石,也是两地经贸交流的重要法制因素。当时我潜心关注《香港基本法》和法制发展,已经成为生活中不可或缺的一部分,从中也得到了许多乐趣。"李昌道称。

李昌道回忆,在《香港基本法》最终出台前,他日以夜继,快马兼程,收集了大量第一手资料,包括业界动态、观点争议、法理分析等,进行分类归纳分析综合,最终成功撰成《基本法透视》一书,广受好评,也是内地学者以中文著作香港法律第一书,对促进沪港两地的法律交流与相互认识具有里程碑式意义,被称为"大功臣"。让李昌道记忆尤为深刻的是,他当时还受邀为驻港部队讲授《香港基本法》。"近距离接触这支威武、文明之师,我真正为祖国的统一大业感到由衷自豪。"李昌道用生动语言、真实例子、严谨体例、鲜明观点深入浅出地授课,深得广大官兵好评。

学富五车　实至名归的复旦"掌门人"

2000 年，凭借渊博的学识和优秀的业内风评，李昌道一举当上了国内顶尖学府的"掌门人"，担任复旦大学法学院院长。在这几年教学生涯中，李昌道用事实证明了他不仅是一名优秀的法学专家，更成功地播撒出智慧的种子，成为众人敬仰的名师。

"李教授授课非常系统，对每一位青年学子都倾囊相授，十分关心。"上海市社会科学院副院长、法学会会长沈国明曾经也是李昌道的学生，对于这位老师，他充满尊敬与仰慕。

"有一件事我还记忆犹新。那年，卡特和里根竞选美国总统的序幕刚拉开，大选形势很不明朗，李教授却斩钉截铁断言里根将入主白宫。他从经济状况、政治力量对比、选举传统等几个方面，特别是结合历史上一些堪称规律的现象给我们分析了原因，最终果然如此。"沈国明指出，这看似不经意的答问，显示出李昌道扎实的学术功底和深厚积累。

积极培养青年才俊

从学习法律，到为人师表，李昌道坦言，吸引其孜孜不倦进行学术研究，是源于法学本身的魅力。"搞法律是很有劲的，因为它与现实紧密结合，不像一潭死水，不时焕发出新生命力，并随着形势与时代的发展逐步加深，值得毕生去追随。"

在李昌道身上，"毕其功于一代"是不可能发生的。几十年来，扶持青年成长，已成为前辈法学家的神圣重任。李昌道作为掌门人，旗下弟子已"桃李满天下"。业者认为，在李昌道的带领下，复旦法学院青年群体正逐渐壮大，学术界影响日益增强，跻身一流行列指日可待。

七年光荣 高院院长开启人生新起点

1991年，李昌道迎来了他"一生中最宝贵，最值得记忆的七年"。他在担任复旦大学法律系主任的同时，担任了上海市高级人民法院副院长，这段经历让他毕生难忘。"通过这7年的锻炼和培养，从书本走向实际运用，并将更多目光投向社会现实，感知到普通民众的真实感受，更加深刻理解了中国法律所植根的社会。"

李昌道坦言，花甲之年他本来打算"收摊"，这下被任命为上海市高级人民法院副院长，人生道路又开始了一个新起点。从教书匠到大法官，他也努力在实践中摸索一条加强多党合作、完善民主的新路。

同时，李昌道身上背负的荣耀也越发繁多。一届上海市政协委员、两届全国政协委员、上海市法学会副会长、上海市仲裁委副主任、上海市律师协会专家顾问、九三学社中央法制委员会顾问等职务，他都游刃有余。"他毫无疑问是位著名的法学家，法制视野广阔，凡是大事他都以法比论，其中不乏警世之语，让人不得不刮目相看。"上海市政协副主席谢丽娟这样评价李昌道。

参政议政能者多劳

近年来，李昌道充分运用其渊博知识和实战经验，积极参与到参政议政的过程之中。虽然李昌道为人谦虚谨慎，但是在参政议政时却表现出以天下为己任的主人翁姿态，针砭时弊，提出的建议全面缜密，极具参考价值。为此，李昌道再次"能者多劳"。上海市人大为加强对立法所涉及的一些宏观问题的研究，成立立法研究所时，特聘请他作为客座研究员，以期充分发挥他既是学者又是官员，既懂理论又懂实际运作的长处。

对于自己钟爱一生的事业，李昌道笑言，"我从来没有停止过对《香港基本法》的研究，内地在香港回归后的七八年，对《香港基本法》研究停止了。2004年中共中央又成立港澳问题协调小组，也是国家对香港问题的最高领导小组"。

身居多职，李昌道并未感到疲乏，反而继续加快了法律道路的探索脚步。2008年9月，他再次出征，"跨刀"担任上海金茂凯德律师事务所主任，着实让人感叹"宝刀未老"，曾经的光芒与荣耀并不是沉重压力，而是前进的动力，激励他在法律的道路上终身求索。

后记

在记者截稿之时，刚连任中华全国律师协会会长的于宁先生发来贺电，"衷心地祝愿上海金茂凯德律师事务所在各级司法行政机关和律师协会的管理和指导下，在李昌道主任的带领下，为上海世博会的召开和上海国际金融中心建设作出应有的努力和贡献！"

李昌道档案

1931 年：出生

1950 年：北京燕京大学法学院政治系，后到北京政法学院学习

1953 年：中国人民大学法律系研究生

1956 年：华东政法学院法律史教研室任教

1956 年：复旦大学任教

1985 年：赴美国明尼苏达大学法学院进修，系统学习"美国宪法"

1987 年：委派至新华社香港分社工作，参加制定《香港基本法》和研究香港法制工作

1991 年：担任上海市高级人民法院副院长

1998 年：担任上海市人民政府参事室主任

2000 年：担任复旦大学法学院院长，兼任上海市法学会副会长、上海市仲裁委员会副主任、上海市律师协会专家顾问、九三学社中央法制委员会顾问等社会职务

2008 年：出任上海金茂凯德律师事务所主任

（本文载于 2008 年 10 月 31 日香港《文汇报》）

李昌道学术思想研讨会举行

《新民晚报》（2021 年 10 月 8 日）

本报讯（记者　江跃中）新中国培养的著名法学家和法学教育家、被誉为"法学宗师"的李昌道学术思想研讨会日前在沪举行。

李昌道长期在华东政法大学、上海社会科学院政法所、复旦大学任教。1991 年出任上海市高级人民法院副院长。他自 20 世纪 50 年代起从事法学教学、科研、立法、司法、执法、法治宣传和法律服务已达 66 年。研讨会上，上海市法学会专职副会长施伟东、中国证监会上海监管局原局长及上海市仲裁委员会原委员张宁、上海市高级人民法院原审判委员会委员宋学东、复旦大学法学院原副院长董茂云、港澳法专家及上海市人民政府原参事徐静琳、环太平洋律师协会会长李志强等，从李昌道教授不同历史时期的学术思想展开研讨。

上海市法学会贺信

　　李昌道教授是新中国培养的著名法学家和法学教育家，长期在华东政法大学、上海社会科学院政法所、复旦大学任教，先后任上海市高级人民法院副院长、上海市人民政府参事室主任、复旦大学新法学院首任院长、上海市法学会副会长等职，从事法学教学、科研、立法、司法、执法、法治宣传和法律服务 66 年，始终坚持认认真真教学、兢兢业业研究、勤勤恳恳参政、清清白白做人，是法学法律界的杰出代表和宝贵财富。

　　本次研讨会以习近平法治思想为科学指引，聚焦李昌道教授在各个历史时期的学术思想和学术贡献，弘扬法学家精神，学习前辈法学家风范，对于进一步繁荣上海市法学研究和法治上海建设都具有很强的现实意义。

　　祝李昌道学术思想研讨会取得圆满成功！祝与会的专家学者和法学教育工作者身体健康、工作顺利、节日快乐！

上海市法学会

2021 年 9 月 10 日

李昌道著作、论文、建议案书录

一、著作

《美国宪法史稿》（法律出版社，1986 年）

《美国宪法纵横论》（复旦大学出版社，1994 年）

《大冒险家哈同》（群众出版社，1979 年）

《当代西方经济法律制度》（上海人民出版社，1991 年）

《外国法律制度导论》（复旦大学出版社，2003 年）

《香港法文选》（百家出版社，2001 年）

《香港法制漫谈》（香港中华书局，1989 年）

《30 常用香港法例新解》（香港三联书店，1989 年）

《香港基本法透视》（香港中华书局，1990 年）

《香港政制与法制》（上海社会科学院出版社，1991 年）

《香港教师认识基本法》（香港浸会大学，1996 年）

《香港法律实用全书》（复旦大学出版社，1997 年）

《创造性杰作——解读中华人民共和国香港特别行政区基本法》（上海人民出版社，1997 年）

《香港政治体制研究》（上海人民出版社，1998 年）

《中国裁判书》（上海人民出版社，2001 年）

《中国法律日用全书》（上海人民出版社，1995 年）

《上海法院案例精选系列（1994—1998 年）》（上海人民出版社，1994—1998 年）

《外国法律制度导论》（复旦大学出版社，2003 年）

《比较司法制度》（上海人民出版社，2005 年）

二、论文（部分，包括译作）

《美国总统弹劾制的研究》（《社会科学战线》，1980 年）

《约翰·马歇尔对美国宪法影响》（《法律史论丛》，1983 年）

《美国有关禁酒的修正案》（《外国法制史汇刊》第一册，1984 年）

《美国违宪审查权漫谈》（《青海社会科学参考》，1985 年）

《美国联邦中央与州关系》《政治与法律》，1984 年）

《美国地方政府探讨》（《政治与法律》，1985 年）

《对中美宪法的几点看法》（美国《知识分子》杂志，1986 年）

《美国总统当选年龄》（《世界知识》，1980 年）

《美国言论自由法律内涵及其尺度》（《上海社会科学院学术季刊》，1987 年）

《美国大学学术自由的范围及其尺度》（《外国法学研究》，1987 年）

《美国法制见闻》（《政治与法律》，1986 年）

《美国堕胎立法》（《香港明报》，1988 年）

《关于林肯评价的两点意见》（《开封师范学院学报》，1978 年）

《美国平权措施的宪法争议》（《复旦学报》，2004 年）

《弹劾制》（《百科知识》，1980 年）

《大陆法系探讨——法系研究之一》（《吉林大学学报》，1983 年）

《英美法系的形成和发展——法系研究之二》（《青海社会科学参政》，1985 年）

《注重研究外国法律，科学借鉴国外立法》（《政法与法律》，1994 年）

《比较法学是借鉴国外立法的法学基础》（《上海法学研究》，1994 年）

《自由与法律》（《民主与法制》、《律师》杂志，1980 年）

《病人的权利》（《大众医学》，1987 年）

《孙中山宪政思想述略》（《青海社会科学》，1981 年）

《对旧法不能批判地继承只能借鉴》（《法学研究》，1979 年）

《市场经济下中国法学观念正在更新》（《香港经济与法律》，1996 年）

《中国"入世"的法律准备》（《上海法学研究》，2000 年）

《世贸法律规则和中国司法审查》（《复旦学报》，2002 年）

《中国入世后的司法》（《文汇报》，2002 年）

《WTO 与正当法律程度》（《上海法治报》，2002 年）

《改善中的祖国大陆外商投资法律环境》（台湾《律师》杂志，1998 年）

《行政复议的特性及其改善》（《行政复议信息》，1998 年）

《行政复议研析》（《法制与经济》，1998 年）

《优化公务员的行政行为》（《党政论坛》，2002 年）

《西方沉默权的比较研究》《复旦学报》，2002 年）

《陪审制度比较研究》（《比较法研究》，2003 年）

《探索中国的民事诉讼模式的改革》（《教育部"九五"课题》，1999 年）

《解决海峡两岸法律冲突的探索》（《台湾法研究学刊》，1990 年）

《探讨国际环境对我国立法影响》（《国际关系年会》，1984 年）

《台湾工业区的发展》（《联合时报》，1991 年）

《澳门依法改革博彩业论述》（《政治与法律》，2003 年）

《劳动节和忠诚日》（《解放日报》，1962 年）

《从历史上的"法定婚龄"谈起》（《解放日报》，1963 年）

《美军研究机构与"兰德公司"》（《解放军报》，1980 年）

《泰罗和"泰罗制"》（《解放军报》，1979 年）

《巴黎公社劳动妇女的战争精神》（《解放日报》，1961 年）

《浅谈三权分立和制衡》（《解放军报》，1980 年）

《浅谈资产阶级国家中的公民自由权利》（《解放军报》，1981 年）

《公民的基本权利和义务》（《解放军报》，1982 年）

《美国警察法庭》（《文汇报》，1986 年）

《谈资产阶级议会的监督权》（《解放日报》，1981 年）

《从"人权法案"看"人权"口号》（《解放日报》，1981 年）

《走向现代化、法制化的中国法院》（香港《经济与法律》，1995 年）

《中国入世后的司法》（《上海法学研究》，2002 年）

《一件建言的启迪》（《联合时报》，2002 年）

《以邓小平理论为指引积极探索具有中国特色的参事制度》（《人民政协报》，1991 年）

《要正确认识民主党派参政形式》

《日本教授怎样看中国民主党派》（《上海九三》，1994 年）

《我在日本介绍中国民主党派》（《联合时报》，1994 年）

《"一国两制"是保持香港繁荣稳定的根本保证》（《上海统战理论研究》，2004 年）

《近期香港时局透视》（《上海法学研究》，2003 年）

《基本法对中国传统法学的影响初探》（香港《紫荆》，1990 年）

《过渡期"基本法"的时间效力和实际作用》（香港《紫荆》，1991 年）

《中国人权观与基本法》（香港《紫荆》，1991 年）

《"一国两制"构想的伟大胜利——庆祝香港回归》（《政治与法律》，1991 年）

《香港基本法政治体制设计的基本原则》（《上海法学研究》，1997 年）

《香港特别行政区基本法系列谈》（《政治与法律》，1990—1991 年）

《彭定康"改制方案"违反基本法》（《上海法学研究》，1993 年）

《今日香港政局》（《复旦学报》，1993 年）

《香港后过渡期的政局述要》（《政治与法律》，1993年）

《为驻港部队讲授"香港基本法"》（《法苑》，1997年）

《香港回归后的法律及其发展趋势》（《复旦学报》，1994年）

《"一国两制"下的香港法治》（《复旦学报》，1998年）

《香港双语法律的历史发展和展望》（《香港基本法：理论与实践》，香港，1998年）

《香港"人权法"评析》（《政治与法律》，1995年）

《人权条例违反普通法原则》（香港《大公报》，1995年）

《后法优于前法，但不能抵触宪法性法律》（香港《大公报》，1995年）

《论内地和香港民商事区际司法协助和九七后的设想》（《复旦学报》，1995年）

《九七前后法律冲突问题——"区际司法协助"前瞻》（《香港广角镜》，1995年）

《香港终审法院的风波》（《上海法学研究》，1995年）

《香港"无证儿童"诉讼案介绍》（《政治与法律》，2000年）

《近期香港无证儿童的法律风波》（《上海法制报》，1997年）

《香港高等法院首例中文审案述评》（《上海审判实践》，1996年）

《香港基本法美国人知多少？》（《法苑》，1997年）

《首位内地学人在香港律师宣誓纪实》（《法苑》，1997年）

《香港居民国籍问题探讨》（《社会科学》，1991年）

《论"一国两制"与人民政协作用的发挥》（《学习邓小平人民政协理论文集》，1999年）

《弹劾手册》（美布莱尔著《教学用书》，1985 年）

《美国政府大纲史料》（美麦克唐纳编《世界史研究动态》，1984 年）

《1871 年巴黎公社的司法委员会》（苏巴然诺夫著《政法译丛》，1957 年）

《南斯拉夫 1960 年新闻法》（人民日报出版社，1981 年）

《美国黑豹党人》（美德兰珀著《民族译丛》，1982 年）

三、建议案（部分）

《迅速并大幅度地提高各类各级教师待遇案》（上海市政协七届一次，1988 年）

《进一步完善共产党领导的多党合作制的建议》（上海市政协七届二次，1989 年）

《关于建议高度关注各界中老年人士建议案》（上海市政协七届四次，1991 年）

《建议把证券市场纳入法制轨道案》（上海市政协七届四次，1991 年）

《建议多层次、多渠道培养开发浦东法律人才案》（上海市政协七届四次，1991 年）

《请严格按照现行宪法第六十四条规定的修宪程序修宪建议案》（全国政协八届一次，1993 年）

《建议进一步提高民主党派新领导层的整体领导素质案》（全国政协八届一次，1993 年）

《建议制定"中华人民共和国民主党派法"》（全国政协八届
一次，1993 年）

《认定法院判例具有司法约束力，以缓解立法滞后的矛盾建议
案》（全国政协八届一次会议，1993 年）

《建议进一步树立税收意识》（全国政协八届二次，1994 年）

《建议制定我国最低工资法案》（全国政协八届二次，1994 年）

《关于重视依法解决农村土地征用的纠纷建议案》（全国政协
八届二次，1994 年）

《建议政协将法律界作为单独界制》（全国政协八届三次，
1995 年）

《建议全国急需大力宣传香港特别行政区基本法建议案》（全
国政协八届四次，1996 年）

《关于增进内地和香港法制沟通建议》（全国政协八届四次，
1996 年）

《清除司法中地方保护主义建议案》（全国政协八届五次，
1997 年）

《正确宣传报道"九七"香港回归建议》（全国政协八届五次，
1997 年）

《全力维护社会稳定的三点建议》（全国政协八届五次，
1997 年）

《关于行贿犯罪的新特点和惩治对策建议》（全国政协八届五
次，1997 年）

《希望工程极需法律保护的三点建议》（全国政协九届一次，
1998 年）

《加强法律保护力度，遏制国有资产流失的建议》（全国政协九届一次，1998年）

《加强耕地法律保护的建议》（全国政协九届一次，1998年）

《依法规范股份合作制度发展建议》（全国政协九届一次，1998年）

《司法公正呼唤判例建议》（全国政协九届二次，1999年）

《性保护用品亟待法律保护建议》（全国政协九届二次，1999年）

《依法实施可持续发展战略的建议》（全国政协九届二次，1999年）

《建立少年法院建议》（全国政协九届三次，2000年）

《加快制定调整电子商务法规的建议》（全国政协九届三次，2000年）

《制定校园安全法建议》（全国政协九届三次，2000年）

《入世后，从速发行"法律公报"建议》（全国政协九届四次，2001年）

《入世后，正确把握透明度原则和保密的法律关系建议》（全国政协九届四次，2001年）

《探索建立劳动争议的解决机制，以化解劳动争议纠纷的建议》（全国政协九届四次，2001年）

《关于规范行政行为，保障转变政府职能的建议》（全国政协九届五次，2002年）

《关于反腐斗争中党纪和国法衔接建议》（全国政协九届五次，2002年）

《规范互联网的法律建议》（全国政协九届五次，2002年）

《关于市政府防治"非典"第二个通告的三点建议》（上海市政府参事建议，2003 年）

《关于积极推广一次性无菌（自动销毁）注射器的建议》（上海市政府参事建议，2004 年）

《关于处理"激访"的三点建议》（上海市政府参事建议，2002 年）

《关于律师参政应自律和规范建议》（上海市政府参事建议，2003 年）

《关于化解近期香港事态的建议》（上海市政府参事建议，2003 年）

《关于医患关系中有关法律问题的调研报告》（上海市政府参事建议，2004 年）

《关于加强艾滋病防治立法及相关工作的建议》（上海市政府参事建议，2004 年）

《法学宗师李昌道》专题片文字稿

李　飞：李昌道教授，是原九三学社中央法制委员会顾问，上海市高级人民法院副院长，上海市人民政府参事室主任，复旦大学法学院院长，是新中国培养的第一批法学家，也是著名法学教育家。李老投身法学教育、科研、立法、司法、执法、法治宣传和法律服务等法律工作，已长达60多年，是中国法学法律界的"国之瑰宝"。鉴于李老在我国高等教育事业所作出的突出贡献，1992年国务院就批准给予他政府特殊津贴，他主编的《新编中国法律日用全书》，1997年获得国家新闻出版署授予的第二届国家辞书奖。李老在担任第八届、第九届全国政协委员期间，履职事迹突出。1993年全国"两会"期间，他提出了严格按照现行《中华人民共和国宪法》第六十四条的规定，进行修宪的建议，得到了中央的高度肯定和采纳。1984年，中英两国签署关于香港问题的联合声明，李老赴香港到新华社香港分社工作，直接参与了《中华人民共和国香港特别行政区基本法》（以下简称《香港基本法》）的制定工作。我国改革开放和社会主义现代化建设的总设计师邓小平同志评价这部法律具有历史意义和国际意义。说它具有历史意义，不止过去、现在，而且包括将来；说具有国际意义，不止对第三世界，而且对全人类都具有长远意义，这是一个具有创造性的杰作。

李昌道：我今年已经是 86 岁的老年人了，回忆起我的一生，我感到是很平淡的一生，但是也是很充实的一生。同时也是与时俱进的一生，还是使我尝尽了人间酸辣苦甜的一生。

李志强：他就是天然的，好像跟法律是有缘分的这么一个人。从立法、司法、执法、法制宣传、法学教学研究，到法律服务，他是全领域的覆盖，这样的人在我们中国是很少的。

董茂云：他大概是我心目当中最有代表性的海派法学家了。

李志强：在他身上有很多人性的亮点。

徐静琳：积极探索的精神，勤奋好学的作风。

董茂云：富有智慧，为人谦逊，做事踏实，学术研究非常务实，非常重视应用。

徐静琳：他关注社会问题，分析社会问题，提出一些社会问题，把他学到的及他的一些法学原理和现实结合起来，为推动我国的法治进步作贡献，这是非常难能可贵的。

潘鹰芳：他给我的印象非常淳朴，身教重于言教，活到老学到老。

李志强：他 59 岁担任上海市高级人民法院副院长，将近 70 岁做复旦大学法学院院长，77 岁担任律师事务所的负责人，在古稀之年能够焕发青春从事司法的工作，从事法学研究、科研、立法的工作等，都能够作出不同凡响的成绩，这恐怕不是一般的毅力能够坚持的，他有很大的一个信念，就好像他的一生都是献给了"法律"这两个字。

李昌道：法学和法律的范围是很广的，里面有很多具体的内容。

我一生就是在这个领域里面，也可以说以法学为伴了一生。在法律和法学的部门里面，我搞了大概有八项具体的工作。一是法学教学，二是法学研究，三是参与立法，四是参与司法，五是法制议政，六是法律仲裁，七是法制宣传，八是法律服务。因为每个领域都有它的内涵，都有它的特点，都有它的要求，所以在每个领域里，我都是勤勤恳恳地工作，把它们能够做好。我现在简单地讲一讲这八个领域的情况。第一个领域是法学教学。法学教学是我的主业，是我一生的主业，是我从工作开始到2007年退休主要的工作，所以三尺讲台就是我主要的天地。我在法学教学里面，主要就是解决好两个简单问题。一个就是要认真，我们对于教学不能当儿戏，这是一个天大的事情，所以要认真。可以说，我从工作到现在，除了出国，没有缺过一堂课，也没有迟到过，而往往就是我先到了学生才到。课前要认真，上课要认真，课后也要认真。另一个是更新，就是教学的内容要不断地更新，你不能永远拿着这个讲稿来讲，比如说美国"9·11"事件以后，美国制定了一个新的法律，叫《爱国者法案》，就是加紧了对各种情报的收集，从而预防同类事件再次发生。但是后来，美国不断扩大了这个权利，就是收集的信息有很多是不应该收集的，所以这个法案就引起了很大的争论。像这种内容，我是要加到我的课堂里面去的。

董茂云：李老师来担任法学院的首任院长，其实当时也是众望所归。当时李老师已经是接近70岁高龄了，可能有些人会以为这么高龄的一个知名教授担任院长，是不是只是挂个名，但是就我亲身经历来说，李老师完全不是挂名，而是实实在在地做院长，做了很多工作。我想至少有以下几条。第一，李老师思路是非常清楚的。

当时学校给我们一个硬任务，就是要有博士点零的突破，李老师觉得，一是一定要引进外援，二是要凝聚本院的自身力量。所以我们当时做了大量的人才引进工作。一些现在依然在挑大梁的教授，就是我们当年引进的。第二，李老师能够团结人。那段时间我觉得我们的工作是非常顺畅的，这跟我们整个班子的团结，包括我们整个学院所有的教授、学术委员会，以及所有老师团结在一起是分不开的。那么当然这是跟李老师的人格魅力是密切相关的。李老师非常包容，对我们的同事不管是年长的还是年轻一些的，他都是非常客气，非常尊重，还能够包容不同的意见。第三，李老师用了他在国内外的学术声誉，争取到了各方面的资源支持，如上海市高级人民法院、上海市司法局等部门的支持。这些跟他的人脉关系及很好的口碑都是密切相关的。所以说我们那个时候，校长给我们的一个任务是博士点零突破，但实际上我们这一届，是上了两个博士点。第一个上了国际法博士点，接下来就上了民商法博士点，两个博士点都过了。

李昌道：第二个领域是法学研究。法学研究要跟着时代的步伐前进，不能空洞地议论。比如，我出了一本专著《美国宪法史稿》，为什么要选这个题目呢？因为我们与美国断交了一二十年，很多东西都不了解，所以在1972年中美发表《联合公报》以后，我们应该对美国的问题进行研究了。所以我就选了美国宪法这个题目。从"文化大革命"结束以后，我就开始研究这个题目，收集资料，到了1985年出版，可以说是十年磨一剑。再比如，中英谈判以后，香港回归了，那个时候港澳办调我到香港去工作，去参加《香港基本法》的制定，同时我还研究英美法系，在香港出了三本书，内地出了五六本书，而且写了几十篇论文，所以这就说明，我们要跟着时代的需要前进。

徐静琳：他在香港期间，每天阅读大量的第一手资料，做调研，分析资料。1990年在香港就出版了三本书，其中最有影响力的一本书叫《基本法透视》，这本书从《香港基本法》的立法背景出发，把在《香港基本法》的制定过程中各派的争议焦点都展示了出来，其中每一个条款是怎么出来的及制定的过程都展现得淋漓尽致，所以这本书应该说是一本早期非常有影响力的研究《香港基本法》的专著。另外，我们跟李教授合作出版过《香港法律实用全书》，那是很大的、很厚的一本书，主要涉及香港各个方面的法律介绍。在香港回归以后，李教授还出版了《创造性的杰作》，这本书也是对法律条文的阐释和介绍，以及一些研究成果。这些书在我国当时都是一些非常有影响力的早期研究香港法的著作。

董茂云：他特别重视这种应用性的研究，特别重视把学术研究和国家的法治发展非常紧密地联系起来。我当时知道他在法治研究过程中，就侧重当代的比较法研究，而且当时我国正要发展市场经济，他很快就又聚焦于西方经济法律制度研究，后来香港回归，他又重视《香港基本法》的研究。在20世纪90年代初期，他又重视司法改革的研究。我觉得当时研究司法改革的应该是很少的。最高人民法院刚刚提出来民事审判制度改革，他就很快地获得了教育部的项目，然后就着手进行研究。所以他总是走在一个国家发展需要的前沿，针对前沿他进行研究，而且着眼于学术的创新。

李昌道：第三个领域是参与立法。参与立法主要就是指我参加了《香港基本法》的制定工作，香港回归以前，《中英联合声明》

制定了，那就需要一个法律把这个固定下来，所以那时候就抽人来组织起草《香港基本法》。那个时候把我从复旦大学调去参加立法。我当时最大的一个体会是立法非常不容易。我们制定《香港基本法》总共花了四年零八个月。为什么呢？因为我们内地跟香港的法律思想不一样，我们是社会主义法律的思想，他们是普通法的法律思想。另外，政治概念也不一样，所以这又是一个阻碍。所以这个立法工作非常不容易。而且立法了以后，还要贯彻，还要执行，那就更难了。

第四个领域是参与司法。参与司法就是我担任了上海市高级人民法院副院长。当副院长的七年，是我对法律体验最深的七年，因为我感到法律不是一个空洞的条文，不是书面上的几个字，而是植根于民众，植根于社会的，而且它是人民大众的生命财产的最后保障线。我是20世纪90年代去的，那个时候主要是搞审判制度改革。90年代，法院里的审判非常粗糙，那样子就不能体现出公平、公正。所以我那时候主要是负责司法制度的改革。当时的司法制度，我们用法律的语言叫纠问制，完全是靠法官来纠问，原告提了一个诉状，法官就要亲自去调查，所以法官整天提着包在外面调查。这个制度不公平，后来就改革。世界上很多国家都是采取辩护制，即原告提理由，被告也提理由，大家辩论，那么法官呢，不是出去跑了，而是坐在法院里面听，听谁讲得有道理，所以律师也就产生了，这就是辩护制。那个时候改革了很多，也是一步一步地改革。当时法院还有一个改革的内容，就是法院外表的建筑也改了。90年代，很多人找不到法院，因为法院一般是在弄堂里借的房子，这怎么像法院呢？所以那时候各个区都盖了一个法院。我当时也写了一个建议，建议法院要成为一个司法性的标志性建筑，所以当时上海最早的法院就建在虹桥路，现在是第一中级人民法院。

第五个领域是法制议政。因为我在上海政协干了一届，在全国政协干了两届，一共 15 年，又在九三学社担任副主委，另外还当了参事室主任，实际上这些工作有一个共同点，都是参政议政，都是帮政府出主意的。其中最能够体现参政议政的两个例子：一个是 1993 年，我在全国政协开会提了一个建议，就是对修改宪法的程序要严格执行；另一个是在上海政协又提了一个优秀提案，就是我一直讲的政策稳定，人心才能稳定。

徐静琳：李昌道教授曾经担任过上海市政府的参事室主任和上海市政府的参事。上海市政府参事室是上海市政府的一个高端智库，主要是参政议政、咨询国事、谏言献策。李教授在担任参事室主任的时候，他每年都要向上海市政府和中央提交 20~30 份研究报告，他个人做参事的时候也提交了比如关于信访纠纷及一些法制方面的谏言献策。我从李教授身上学到的就是他作为一名法学教学和研究的工作者、一个法律学人，能时刻关注社会问题，分析社会问题，提出社会问题，并且为解决我国的社会问题作出贡献。这是非常难能可贵的。

李昌道：第六个领域是法律仲裁。我担任了两届仲裁委员会的委员。委员就是要定期开会，要讨论一些制度，而且要审批仲裁员。在仲裁里面，我体会到一个问题就是仲裁员也应该要很严格。因为仲裁跟法院不一样，仲裁是一裁到底，就是一次仲裁就完了，法院还有上诉，仲裁没有上诉，一次就定案了。所以仲裁员也是要有严格执法的。

第七个领域是法制宣传。我担任上海法学会的副会长，法学会主要就是搞宣传的，我自己也写了很多这方面的文章。

第八个领域是法律服务。就是在我退休以后，到律师事务所工作了。退休以前，我只能做兼职律师，不能做专职律师，退休后到事务所工作以后，一定要做专职律师了。所以退休以后，我就成了专职律师。我就是到事务所来帮帮李志强。

李志强：2007 年，在我 40 岁的时候，我希望能够有一个更高端品牌的事务所，集中一批比较高端的人才，这个时候我有一种想法就想跟他报告，我说李老师，40 岁再去创业搞律师事务所，这是不是太晚了？他给我的回答，是让我非常惊讶的。他说小李啊，40 岁人生才刚开始，你怎么说晚了呢？当时我坚定了我的信念。2007 年，李老师从复旦大学办理退休手续，我得知这个消息后，就去找他说，李老师您能不能到金茂凯德律师事务所来担任负责人。他说我来做负责人啊，他说这个好像很少嘛。我说是很少，以前有司法局副局长到律师事务所的，也有司法部司长到律师事务所的，也有大学校长到律师事务所的，好像法院副院长也不是没有，但是我觉得您是个法学家，您来当我们的舵手，可能更能引领我们律师行业，使我们这个行业走得更稳、更快！后来在司法局及各方面的支持下，李老师终于落户到金茂凯德律师事务所担任负责人。李老师在事务所担任负责人，他不光是挂个名，实际上他是一种精神领袖，他经常建议我们事务所要紧跟国家的战略。国家有什么战略，事务所就要跟着国家的战略发展，这样才有前途，才能跟国家的经济社会发展紧密相关，才能发挥你的聪明才智，也就是说英雄才能有用武之地。李老师研究了习近平总书记的思路，他说他有很多新思路。比如"一带一路"，实际上就是把世界联系在一起，它用中国的古代丝绸之路这么一个符号，把中国的古代元素和现代的国际政治、社会、经济、法律的元素结合起来。这实际上是中国领导人的一个创造。李老师说，我们律师不能光局限在一个黄浦区，一个上海，一个中国，应该要以世界为事业。在他的思路的引领下，我们在2016年2月18日，成立了"一带一路"法律研究与服务中心。到现在为止10个多月，中心已经在世界上的十多个主权国家设立了站点。另外，我们在2016年还成立了三个律师服务联盟。这个律师服务联盟也是李老师的一个建议。他的意思就是，目前习近平主席提出要打造人类命运共同体，我们作为法律人，作为律师，能不能跟世界各国的律师联系起来、合作起来，也能够打造人类法律服务共同体。所以在这个思路的引领下，我们在2016年成立了三个律师服务联盟，一个是金砖国家的律师服务联盟，即中国、印度、俄罗斯、巴西和南非，这五个国家的GDP占整个世界GDP的分量很重，人口也很多，所以2016年上海市政府侨务办公室徐力主任与李老师一起在事务所为金砖国家的律师服务联盟揭幕。2016年11月21日，我们在浦东环球金融中心举办了中国企业赴美投融资法律研讨会。在这个会上，李昌道主任与上海市政协副主席周汉民教授，一起为G20律师服务联盟揭幕。另外，2016年12月28日，我们又由爱建集团党委书记范永进同志、上海市金融业联合会副理事长和李昌道主任一起，为上海合作组织（这是全世界第一个以中国上海这个城市命名的国际组织）的律师服务联盟揭幕。所以，我们成立了三个跨国界的、跨地区的、全球性的律师服务联盟。这样使我们中国的律师，使金茂凯德律师事务所能够一步步地走向世界。这些联盟成立以后效果非常好，而且得到了世界各国主要司法管辖权地区律师的响应。

他们都认为中国在全球的影响越来越大，中国的企业也影响很大，所以他们都非常愿意跟中国的律师进行合作，我们这步棋又走对了。2017年新年伊始，由司法部、外交部、商务部和国务院法制办公室联合颁布了《关于发展涉外法律服务业的意见》，该意见提出，要鼓励中国的律师向"一带一路"沿线国家宣传中国的法律制度和法律文化，同时鼓励中国律师加入有关的国际组织，另外鼓励中国律师能为中国企业"走出去"、保护公民的合法权益及跨境的追逃追赃等提供法律服务，这些都是我们律师服务联盟能够做的事情，我想我们又走在了前面。这与他作为一名著名法学家、担任事务所负责人的影响是分不开的。在他的鼓励下，事务所的发展也非常快，无论是业务收入、从业人数、分支机构，还是在事务所的理论化、国际化、专业化、规模化等方面的发展，都取得了不少的成绩。但是李老师说，未来还有更远的路要走，希望我们还是要脚踏实地，一步步把事务所做好、办好。

李昌道：我的一生很简单，也就是做了这么一些具体的工作，从这些工作里面，我想到了我自己有三个方面是比较注意的。第一，要早安排。因为我感到我智商一般，情商也许是没有的，那怎么办呢？那只能由时间上来补啊，所以我只能早安排，人家邀请我讲话，或者叫我写东西，那我就早一点安排。我有个习惯，就是写完东西以后，就放在边上，我不看的，过了两三天再看它。为什么呢？因为你马上看它会先入为主，你不会看出问题来的，所以过了两三天，等脑子冷静了再来看，那么你就可能会看出问题来。所以我把自己形容是笨鸟先飞。第二，工作要均衡、要平衡。因为我担任的工作比较多，教学研究是我的主业，但是我还有其他的工作，我就要把它们都平衡好，而且我这个工作跟家庭也要平衡好。另外，我这个工作跟休息要平衡好。我这个人有个特点，不开夜车，我到10点钟就休息了，有事情我情愿第二天早一点起来，所以这也是一个平衡。第三，工作的时候要心平气和。我感到心平气和是最重要的，这样才能考虑问题，否则，脾气一上来，思路就搞错了。所以对自己，对人家，对内、对外，什么事情都要心平气和。

字幕介绍：男大当婚，女大当嫁，1961年我们结婚了，时值30岁。夫人是复兴中学教师。从此开始了新的家庭小生活。光阴如箭，50年瞬间而过，世称"金婚纪念"。学生、亲友祝贺外，独生女儿专门在温哥华邮局定制了"金婚纪念明信片"，以作纪念。我另作四句打油诗来表达我对自己人生的领悟和诠释。"务实金婚不复来，酸辣苦甜味味在；心平气顺淡功利，共命同运钻石来。"

陈倩苹：我和李昌道到现在结婚有55年了，他在家里面很主动地做家务，帮助我。

李志强：这对老夫妻，应该讲他们是非常恩爱的，他们两个人都是相互支持的。我记得我每年去看李老师，我都看到师母经常在剪报，就是报纸上有关于李老师的信息，如他的学术成就，他的提案、报道，她都会把它们剪下来，收集起来。另外，李老师当时在上海市高级人民法院当副院长的时候，白天是院长，晚上是教授，所以每天晚上师母都是要等他回来的。

字幕介绍：我们时常赴温哥华探望他们的小家庭。享受异国文化风采，踏雪山，跨浮桥，钻山洞，漂太平洋，看蓝天白云，吸新鲜甜味空气……并亲身感受外孙在异国生长，现已被U.B.C录取。希望他在中西方文化熏陶下，成为有利于中加交流的有用之才。

　　李　芮：爸爸是一个非常和蔼和对家庭很关心的人，我小时候他还会缝被子、洗衣服等，我在外20多年的时间里，当我碰到困难的时候，他总是耐心地引导我去克服这些困难，对妈妈也照顾有加，所以我觉得他对这个家也付出了精力。

　　李老外孙：这几年来，每半年我与公公婆婆都住在一起，对于公公，我觉得他乐观、自律和学识丰富。我发现公公每天的生活很有规律，他跟我说，这是他在大学时养成的习惯，这对我的启发非常大。我现在作为一名加拿大不列颠哥伦比亚大学的大二学生，我已学会用自律来平衡自己的学习和生活，以便完成我的医生学位。最后我想说，我能成为公公的孙子，我感到是我的荣耀。

　　陈倩苹：55年的婚姻生活当中，我最爱的是他，还有我最爱的还是我们的家。我希望他能够更好地、更出色地完成他该做的东西。

　　李昌道：我感到我的一生，平平淡淡，简简单单，可说是以教学跟科研为主业，另外还担任了很多其他法律方面的事务性的工作，虽然自己很辛苦，很忙，但是我感到只要对社会有益，对社会有利，我的一生也就欣慰了。

　　徐静琳：他80多岁高龄了，一直能坚持到现在，生命不止，战斗不息，为中国的法制进步作出了应有的贡献。

　　董茂云：我非常的自信，相信，我们李老师，他的学术生涯，到百岁的时候仍然是能作出很好的学问来的。

　　潘鹰芳：衷心祝愿李老健康长寿，继续发挥余热，也衷心期待李老希望看到的期盼的，能够在金茂凯德律师事务所结出更丰硕的成果。

　　李志强：套用我们司法部原部长、97岁高龄的邹瑜部长的话，上不封顶。邹瑜部长说，他希望人生是上不封顶，我非常衷心地祝愿我的恩师也是上不封顶。希望在我们人生未来的发展道路上，有他作为一个精神领袖的陪伴，我们一步步地走稳、走好！